· 北京市冰雪运动与文化旅游产业融合发展研究丛书 ·

中国冰雪旅游研究中心

北京市
冰雪运动 与
文化旅游产业
融合发展研究

Research on Integration Development of Ice and Snow Sports and
Cultural Tourism Industry in Beijing

刘 鹏 朱光好 王 欣 等◎著

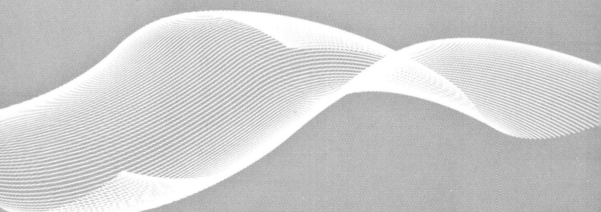

本书出版得到了北京社会科学基金重大项目"北京市冰雪运动与文化旅游产业融合发展研究"（19ZDA11）的资助。

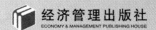

经济管理出版社
ECONOMY & MANAGEMENT PUBLISHING HOUSE

图书在版编目（CIP）数据

北京市冰雪运动与文化旅游产业融合发展研究 / 刘鹏等著 . —北京：经济管理出版社，2021. 12

ISBN 978-7-5096-8275-3

Ⅰ. ①北… Ⅱ. ①刘… Ⅲ. ①冰上运动—体育产业—关系—地方旅游业—旅游文化—产业融合—产业发展—研究—北京②雪上运动—体育产业—关系—地方旅游业—旅游文化—产业融合—产业发展—研究—北京 Ⅳ. ①G812. 71②F592. 71

中国版本图书馆 CIP 数据核字（2021）第 251289 号

组稿编辑：王光艳
责任编辑：李红贤
责任印制：黄章平
责任校对：张晓燕

出版发行：经济管理出版社
　　　　　（北京市海淀区北蜂窝 8 号中雅大厦 A 座 11 层　100038）
网　　址：www. E-mp. com. cn
电　　话：（010）51915602
印　　刷：唐山昊达印刷有限公司
经　　销：新华书店
开　　本：720mm×1000mm /16
印　　张：10. 75
字　　数：188 千字
版　　次：2022 年 2 月第 1 版　2022 年 2 月第 1 次印刷
书　　号：ISBN 978-7-5096-8275-3
定　　价：68. 00 元

总　序

2022 年北京冬季奥运会是继 2008 年夏季奥运会后，在我国举办的又一次全球性体育盛会，也是我国全面建成小康社会后，站在舞台中央向全世界展示的一次绝好机会。这届冬季奥运会不仅要保障各项专业赛事活动顺利举行，还要努力让国民大众都参与进来，形成浓厚的冰雪体育健身旅游氛围，向国际社会展示健康中国、魅力中国、崛起中国的大国形象。国际经验也证明，冬季奥运会将极大促进举办国的冰雪运动及旅游市场开发，主要表现在三个方面：一是将冰雪资源胜地推向国际视野，迅速提高体育旅游知名度；二是冬季奥运会带来的雄厚资金、先进科技、优质的服务理念为承办地的冰雪体育健身旅游综合服务能力建设提供了保障；三是营造冰雪运动氛围，推动冰雪运动的大众化进程。

习近平总书记指出，冰天雪地也是金山银山。为助力 2022 年北京冬季奥运会和实现"带动三亿人参与冰雪运动"的目标，近年来我国冰雪运动和冰雪旅游发展迅速。《中国冰雪旅游发展报告 2020》显示，2018—2019 年冰雪季中国冰雪旅游人数达到 2.24 亿人次，冰雪旅游收入约为 3860 亿元。其中，全国滑雪人次接近 2000 万，滑雪者人数超过 1200 万，冰雪运动已经成为冬季旅游的重要消费业态，也逐渐成为国民大众十分喜爱的运动方式。迅速拓展的市场需求带动了产业供给的扩张，据统计，2019 年中国共有滑雪场 770 家，已投入运营的室内滑雪场有 31 家；杭州、南京、成都等南方城市纷纷落户冰雪综合体项目；融创集团在哈尔滨、广州、无锡、昆明、成都和重庆六大核心城市布局打造冰雪综合体；2018—2019 年我国冰雪旅游投资达 6100 亿元。

"京张"区域是华北地区冰雪运动的枢纽地和核心区，筹办 2022 年北京冬季奥运会为进一步推动区域冰雪经济发展建造了优良的设施基础，营造了浓郁的社会氛围，打造了坚实的市场空间，创造了难得的历史机遇。依托独特的冰雪资源和庞大的消费市场，近年来"京张"地区冰雪产业发展迅猛，据统计，截至 2020 年，北京全市建有滑雪场 24 家、滑冰场 30 余家、冰球俱乐部等 280 家，张家口崇礼已建成营业的大型滑雪场 7 家，在建和规划建设的有 20 多家，区域滑雪滑冰、观雪戏雪等冰雪运动和冰雪旅游产业已经初具规模。而且，为满足 2022 年冬季奥运会比赛项目要求，北京首钢园区、奥体中心、延庆小海坨和张家口崇礼等地新建和改扩建了一大批场馆和赛道设施，其中很大一部分在全国、亚洲甚至全球都具有领先水平，全面提升了地区冰雪设施的总体水平，并能够通过高端设施适度弥补区域冰雪自然条件的限制。

环京地区拥有丰厚的文化旅游资源，区域冰雪运动与文化旅游融合发展的潜力巨大，将成为全国的龙头品牌，不断增强对全国冰雪与旅游经济融合发展的带动能力。北京有着 3000 多年的建城史，800 多年的建都史，是中国古代都城最后的结晶，汇聚了源远流长的文化传统与光辉灿烂的文化遗产；京津冀区域文化旅游资源类型丰富，特色突出，高质量文化旅游资源数量众多，分布广泛。首都厚重的文化积淀与京津冀多元的文化旅游资源，均为区域冰雪运动和文化旅游融合发展提供了巨大的优势。特别是长城和区域富集的温泉资源与冰雪旅游发展具有极高的融合潜力。发挥 2022 年北京冬季奥运会品牌影响力，激发冬季奥运会的前三（年）后四（年）效应，推动冰雪运动与区域文化旅游融合发展，集聚冰雪赛事、冰雪运动、冰雪度假、冰雪文化体验、国际会议、节事会展、冰雪活动培训等业态，打造我国冰雪经济和文旅产业融合发展的龙头引擎，加快培育"东方阿尔卑斯"国际冰雪赛事和冰雪旅游目的地品牌，促使冰雪"冷"资源变成消费"热"产业，有利于刺激和带动全国冰雪市场消费、培育形成新的经济增长点，有利于为 2022 年北京冬季奥运会充分预热、实现"带动三亿人参与冰雪运动"的战略目标。

北京第二外国语学院作为北京市属高校中唯一的一所外国语大学，在首都国际交往中心建设的进程中，肩负着天然的使命和责任。学校主动与北京"四个中心"建设对接，立足服务北京的战略目标和国际交往中心研究的特色视角，努力打造一支优秀的服务首都功能定位的学术队伍，整合与组建了首都国际交往中心研究院、首都对外文化传播研究院、中国文化和旅游产业研究院等 17 个科研机构，拥有文化和旅游部文化和旅游研究基地、北京旅游发展研究基地、北京对外文化传播研究基地、首都对外文化贸易研究基地等 7 个省部级科研基地，形成了较为完备的科研平台格局。学校加强高端特色智库建设，积极组织研究简报、蓝皮书、专项课题、咨政报告、高端论著等多种形式对接国家战略和首都发展需求，产出了丰硕的学术和咨政成果，多次获得中央及省部级领导肯定性批示，在北京形象建设、旅游产业政策、旅游大数据、"一带一路"投资与安全、服务贸易、文化贸易、对外文化传播、国际文化交流等研究领域逐渐形成北京第二外国语学院特色学术品牌。

2022 年冬季奥运会是以北京为主赛区举办的重大国际体育赛事和人文交往活动，北京第二外国语学院整合全校资源，近年来为冬季奥运会的筹办持续开展了一系列服务工作。我作为原国家体育总局局长、2022 年北京冬季奥运会和冬季残奥会组委会的成员以首都国际交往中心研究院名誉院长的身份牵头申报了 2019 年北京社科基金重大项目"北京市冰雪运动与文化旅游产业融合发展研究"，并组建了由校党委副书记朱光好教授、校旅游科学学院以及中国文化和旅游产业研究院学术骨干等组成的课题组。该课题以服务 2022 年北京冬季奥运会、推动北京冰雪运动与文化旅游融合发展为研究目标，在校科研处的全力支持下，开展了资源与资产现状及综合利用、市场需求与供给、相关产业融合机制与模式、发展定位、战略与空间布局、政策设计与实施保障等专题研究，向中央政治局、冬奥组委会、北京市提交了多份咨政报告，得到了高层领导和相关机构的高度重视。在学校相关院系和职能机构的通力合作下，历时近两年，高质量地完成了各项课题研究任务。

以 2022 年北京冬季奥运会为契机，推动北京市冰雪运动和文化旅游产业融合发展，这既是一项新事业，也是一个新课题，国内外相关研究成果相对稀少。我们希望这套丛书的出版，能够为本届冬季奥运会相关工作决策贡献绵薄之力，能够为后冬奥时期北京市冰雪运动和文旅产业融合发展提供一些有益借鉴。如果这些著作能够引起更多学者关注和思考这一重要的事业和课题，我们将感到无比欣慰。当然，丛书中尚有许多不尽如人意的地方，希望各位读者多提宝贵意见和建议，以便于我们不断修订、完善。

刘 鹏

2021 年 6 月 1 日

前　言

为助力建设"健康中国"，奋力实现"带动三亿人参与冰雪运动"目标，在筹办 2022 年北京冬奥会和冬残奥会的契机下，中国冰雪运动已突破季节和地域的局限，形成了覆盖全国、四季布局的态势。中国冰雪产业已经扩展出新空间，国家体育总局副局长、党组成员李颖川表示："冰雪运动已成为塑造城市品牌、拉动城市经济发展的重要动力。"

京张区域作为华北地区冰雪运动的枢纽和核心区，在筹办 2022 年冬奥会与冬残奥会的机遇下进一步推动建造了优良的基础设施，营造了浓郁的社会氛围，打造了坚实的市场空间，实现了冰雪产业的迅猛发展。其丰富的文化旅游资源与冰雪运动融合潜力巨大，能够打造国际知名品牌，充分发挥 2022 年冬奥会与冬残奥会的品牌影响力。

为进一步激发 2022 年北京冬奥会和冬残奥会的价值，推动冰雪运动与区域文化旅游融合发展，本书在大量理论研究的基础上，对京津冀区域市场进行了系统而全面的梳理与分析，以求准确把握市场机遇与市场需求特征，挖掘区域冰雪文化旅游发展潜力；同时立足于"大冰雪""大文化""大产业"，深入梳理京张区域文化与旅游资源，探讨高效整合利用相关资源与资产；通过冰雪运动驱动产业融合发展的模式与动力机制的分析，科学把握产业融合内生动力与机制，探索产业融合发展政策模式；把握圈层结构体系，包括需求圈层、产业圈层、空间圈层等，构建新型产业融合发展集群。

同时，以 2022 年冬奥会举办为契机，发挥首都北京的辐射带动作用，带动全国冰雪健身和冰雪产业高质量发展。基于"双循环"的格局，着眼全球竞争，围绕国家提出的"带动三亿人参与冰雪运动"的战略目标，以打造"东方重要的冬季文化旅游中心和国际人文交往高地"为目标、构建圈层发展模式为主体、重大文化和旅游带为空间骨架、健身旅游片区为支撑的空间发展格局，并构建完善的保障体系与政策。试图通过研究产业布局带动空间要素重构，引领京津冀区域可持续发展，充分发挥奥运价值，为中国创造和保留丰厚的奥运遗产。

本书为北京市哲学社会科学规划重大项目"北京市冰雪运动与文化旅游融合发展研究"的核心成果，是《冰雪运动与文化旅游产业融合发展研究丛书》的核心部分。本书的出版得到了北京第二外国语学院科研处 2021 年出版资助费（项目编号：211100202）的资助

本书由刘鹏为课题主负责人；朱光好、王成慧、王欣设计了本书的基本框架，指导各部分研究工作；王成慧、王欣、黄迪负责相关的组织协调工作；朱光好、王成慧指导全书的定稿工作。同时，聘请赵英刚、宋鲁增、顾晓园为总顾问，邹统钎、吴殿廷、刘斌为顾问指导课题研究。本书共八大章节，分别由朱光好、王欣、吕宁、冯凌、刘霄泉、王金伟为各章的负责人。王欣、王国权、黄迪、李莹等撰写本书第一章，刘霄泉等撰写本书第二章，王金伟等撰写本书第三章，吕宁等撰写本书第四章与第五章，冯凌等撰写本书第六章与第七章，朱光好撰写本书第八章。

本书中尚有不妥之处，希望各位读者多提宝贵意见和建议，以便于我们不断修订、完善。

朱光好

2021 年 7 月 25 日

目　录

第一章　绪　论 ·· 001

　　一、指导思想 ··· 001

　　二、基本理念 ··· 001

　　三、相关研究文献 ··· 003

第二章　迎接新时期重大市场机遇 ·························· 019

　　一、充分利用冬奥会对冰雪旅游的重大推动作用 ·········· 019

　　二、准确把握区域市场需求特征 ························· 024

　　三、深入挖掘区域冰雪文化旅游发展潜力 ·················· 039

　　四、积极学习国际先进经验 ····························· 054

　　五、找准区域问题及发展方向 ··························· 061

第三章　高效整合利用相关资源与资产 ···················· 066

　　一、京津冀地区冰雪文化旅游产业发展条件 ·············· 066

　　二、京津冀地区文化和旅游资源分析 ····················· 073

　　三、京津冀地区冰雪文化旅游可持续发展对策建议 ········ 090

第四章　把握产业融合内生动力与机制 ···················· 099

　　一、冰雪运动驱动产业融合发展的基本模式 ·············· 099

　　二、冰雪运动驱动产业融合发展的动力机制 ·············· 102

　　三、产业融合发展政策模式 ····························· 108

第五章　构建新型产业融合发展集群 ······················ 114

　　一、冰雪文化旅游产业融合发展格局 ····················· 114

二、冰雪文化旅游产业综合发展效益研究 ……………………… 117

三、创新驱动产业融合发展方案 ……………………………… 121

第六章 打造东方重要的冬季文化旅游中心和国际人文交往高地 …… 128

一、环阿尔卑斯地区冰雪产业发展研究 …………………… 128

二、发展目标 ……………………………………………… 129

三、重点发展八大冰雪文化旅游要素形态 ……………… 130

四、区域发展战略路径 …………………………………… 135

第七章 创新组织区域产业和空间发展体系 ……………… 140

一、区域产业和空间发展总体格局 ……………………… 140

二、区域发展战略要点 …………………………………… 142

第八章 完善保障体系与政策 ……………………………… 149

一、人力资源系统建设 …………………………………… 149

二、持续改善相关地区城乡基础设施与居民生活 ……… 150

三、金融平台搭建与机制完善 …………………………… 151

四、科技手段与方式运用 ………………………………… 153

五、文化保护与生态可持续发展计划 …………………… 154

参考文献 …………………………………………………… 157

第一章
绪　论

一、指导思想

以习近平新时代中国特色社会主义思想为指导，深入贯彻党的十九大和十九届五中全会精神。把握 2022 年北京冬季奥林匹克运动会（以下简称冬奥会）和冬季残疾人奥林匹克运动会（以下简称冬残奥会）重大历史机遇，积极迎接和培育新市场、新产业、新空间和新生活方式。立足"大冰雪""大文化""大产业"，高效整合利用相关资源与资产，发挥战胜新冠肺炎疫情成果的重要作用，科学把握产业融合内生动力与机制，构建新型产业融合发展集群。基于"双循环"的格局，着眼全球竞争，打造东方重要的冬季文化旅游中心和国际人文交往高地。以产业布局带动空间要素重构，引领京津冀区域可持续发展，充分发挥奥运价值，为中国创造和保留丰厚的奥运遗产。

二、基本理念

（一）"大文化"与"大冰雪"认识

本书首先确立"大文化"和"大冰雪"的认识，即确立广义（开放）而非狭义（封闭）的冰雪旅游。围绕冰雪运动，将形成包括场馆设施运营、赛事与活动组织、器材租售服务、住宿、餐饮与休闲、冰雪装备制造、培训、纪念品生产销售等在内的"产业群"。冰雪运动与文化旅游相结合，还将形成观光度假、休闲娱乐、商业、地产、会展、文创等产业，进一步与区域发展相结合影响文化事业、农业、制造业、教育等。

（二）全球视角与时代视角

本书基于特定的全球视角与时代视角，具有重大价值。

全球视角方面，将北京—张家口地区未来的发展瞄准于与环阿尔卑斯地区并立的两大东西方重要的冬季文化旅游与国际人文交往高地。当前全球冰雪运动与相关产业发展形成了"一主、两次、多中心"的格局。一主即环阿尔卑斯地区，目前是世界顶级的滑雪活动集聚区、一流旅游目的地和度假区，也是国际组织聚集与人文交流中心区；两次是北欧和北美地区；多中心包括日本和韩国、中国东北和北京以及中亚等地区。这一国际竞争既具有产业意义，也具有国际人文交流和话语权争夺意义。

时代视角方面，要将冰雪运动与文化旅游产业融合发展作为中国经济发展的新需求、新产业和新动能来看待，将 2022 年北京冬奥会作为新冠肺炎疫情之后中国市场和冰雪文化旅游目的地开放的重要环节看待，作为"十四五"期间京津冀一体化发展的重要系统建设工程来看待。

（三）"内在机制"与"物理空间"相结合

本书一方面始终把握和依循产业发展的"内在机制"——因素、作用、动力、机制、模式，这是一条贯穿研究的脉络和逻辑；另一方面始终落脚于以北京为中心的京津冀相关区域（部分延展至京津冀以外）。需求的"物理空间"（冰雪运动旅游者）的流动与供给（相关资源与资产）对应，在产业上渐次发生，在空间上渐次落实。上述"内在机制"与"物理空间"相结合，是本书不脱离实际的根本保障。

（四）产业圈层与空间点轴结构相结合

把握圈层结构体系，包括需求圈层（见本书第 117 页图 5-3）、产业圈层（见本书第 116 页图 5-2）、空间圈层等，在区域发展方面，同时与区域发展的点—轴（带）结构相结合（见图 1-1）。

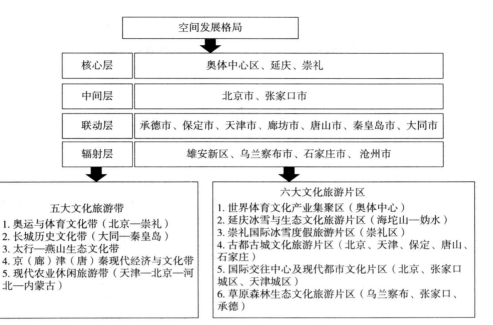

图 1-1 冰雪运动产业圈层结构与空间发展格局

三、相关研究文献

（一）数据来源与研究方法

1. 数据来源

国内数据源方面，选取国内文献资源最全的知识交互平台——中国知网（CNKI）数据库。首先，基于国内冰雪运动与文化旅游发展实际，以"主题＝冰雪 and 旅游 or 主题＝滑雪 and 旅游 or 主题＝冰雪文化 and 旅游 or 主题＝冰雪运动 and 体育旅游 or 主题＝冬季 and 旅游"作为筛选条件，对文献发表时间不加限定，共检索出 399 篇研究文献（数据检索时间为 2021-01-01）。其次，剔除会议综述、新闻报道、专家访谈、与研究主题不相关或关联度低等类型的文章，共筛选出 257 篇有效期刊论文（时间跨度为 1990—2020 年）以及 419 篇博、硕士论文（时间跨度为 2002—2020 年）作为研究数据，共计 676 篇。

国外数据源方面，选用 Web of Science 核心合集数据库。Web of Science 科学引文索引数据库包括 SCI-EXPANDED、SSCI、A&HCI、CPCI-S、CCI-SSH、BKCI-S、BKCI-SSH、ESCI 等，共收录了 12000 多种高影响力学术刊物，基本涵盖了发表冰雪文化旅游相关研究文献的国际权威学术刊物，其权威性和重要性得到了国际学术界的广泛认可。在前期广泛研读相关文献的基础上，笔者以"snow+tourism""ski+tourism""winter+tourism"等字段进行主题搜索，文献类别定为"article"，时间上选择"All Year"，共检索出文献 1429 篇，剔除与研究主题关联度低以及无关的文献之后，得到析出文献 181 篇（时间跨度为 1986—2020 年）。

综上所述，本书研究国内外文献获取情况如表 1-1 所示。

表 1-1　国内外文献获取情况

数据来源	中国知网（CNKI）数据库	Web of Science 核心合集数据库
检索 主题词	冰雪+旅游 滑雪+旅游 冬季+旅游 冰雪文化+旅游 冰雪运动+体育旅游	snow+tourism ski+tourism winter+tourism ski resort+ tourism alpine skiing+tourism
时间跨度	1990.1.1—2020.12.31	1986.1.1—2020.12.31
文献类别	期刊论文（北大核心、CSSCI、CSCD，共 257 篇），博、硕士论文（419 篇）	期刊论文 181 篇
检索数量	676 篇	181 篇

2. 研究方法

CiteSpace 是美国德雷塞尔大学（Drexel University）陈超美（Chen Chaomei）教授运用科学计量方法和可视化技术开发的一款信息可视化软件。它主要基于共引分析理论和寻径网络算法对特定领域文献进行计算，并通过绘制可视化图谱形成对学科演化潜在动力机制的分析和发展前沿的探测。本书综合利用 CiteSpace 的研究主题领域分析、共被引网络分析及关键词共现分析等功能，绘制相关可视化图谱，将其作为冰雪运动与文化旅游研究中引证关系、知识基础和研究热点的参考依据；进一步结合传统文献梳理方法，深入剖析相关度较高文献的研究内容，从而对国内外冰雪运动与文化旅游研究脉络做系统呈现。

（二）分析结果

1. 国内数据分析

（1）发文趋势分析。发文量是从宏观角度观察、评价某一研究领域发展状况和变化情况的重要指标，是最直观地观察期刊整体情况的一种途径。将检索的文献数据导入 Note Express 分析软件，利用文件夹信息统计功能可以得到文献数据的发表年份，结果如图 1-2 所示（2004 年之前年均发文量为 1 篇，故图中未显示）。可以发现，我国冰雪运动与文化旅游融合研究始于 20 世纪 90 年代。1990 年，韩杰和张中飞探讨了吉林市冬季冰雪旅游资源的开发，拉开了国内冰雪旅游研究的序幕。基于图 1-2 中相关文献年度发表情况，大致上可以将我国冰雪运动与文化旅游融合研究划分为三个阶段：

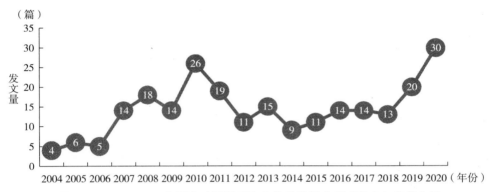

图 1-2 2004—2020 年国内冰雪运动和文化旅游融合学术研究年度发文量

第一阶段是 1990—2003 年的萌芽探索阶段。在这一阶段，国内学者开始注意到冬季冰雪运动的旅游开发前景，提出要通过旅游的方式开发冰雪资源。在这一期间，黑龙江省的亚布力于 1996 年 2 月成功地举办了第 3 届亚洲冬季运动会，黑龙江省得天独厚的滑雪旅游自然资源和别具特色的人文环境得以展示于世人面前，受到国内外滑雪爱好者和旅游界的青睐，带动了黑龙江滑雪旅游的急剧升温，也引起了学者的注意。王民和陈传康（1997）、张德成（1998）、杜庆臻等（1998，1999）、梅林和杨青山（2000）等对黑龙江省开发冰雪旅游、发展冰雪运动提出了自己的研究设想和路径分析。但总的来说，这一阶段的年度发文量很少，共出现 13 篇文献，年均发文量仅为 1 篇，属于旅游研究中的边缘话题，尚未形成一定的研究热度。

第二阶段是 2004—2014 年的初步发展阶段。随着冰雪旅游的发展升温，以及越来越多社会大众对冰雪运动的喜爱，国内冰雪旅游学术研究也呈逐渐上升趋势，但起伏较为明显。2004—2006 年，各年的发文量较低，处于缓慢起步阶段。2007—2013 年，各年的发文量均超过了 10 篇，其中 2010 年的发文量为 26 篇。在这一时段，随着 2008 年北京奥运会的申办以及后奥运时代全民参与体育运动社会热潮的兴起，冰雪旅游日益受到学者们的广泛关注，开始成为国内学术界关注的重要领域之一。但在 2010 年之后，年度发文量开始急剧衰减，到 2014 年发文量仅为 9 篇。这一时期，国内学者对于一些冰雪旅游目的地（如黑龙江省、吉林省、辽宁省、新疆维吾尔自治区）的发展策略与路径进行了更为细致的探讨。总的来说，这一阶段冰雪旅游地的发展成为学者们热衷的话题，但是研究多为定性的政策探讨、路径分析，缺乏定量的实证文章。

第三阶段是 2015—2020 年的蓬勃发展阶段。2015 年 7 月，2022 年北京—张家口冬奥会成功申办，逐渐点燃了国内学术界研究"冰雪+体育+旅游"的热情，冰雪旅游一时成为国内旅游学术研究关注的热点领域，年度发文量平稳上升。随着 2022 年北京—张家口冬奥会的日益临近，2020 年冰雪旅游研究迎来了蓬勃发展阶段，年度发文量达到了 30 篇。这一时期，学者们围绕"2022 年北京—张家口冬奥会"，重点关注了京冀冰雪旅游地发展路径（吴玲敏等，2019）、冬奥会对国内冰雪旅游的推动发展（金准，2020）、冰雪运动与文化旅游融合（李在军，2019）等话题。此外，学者们开始逐渐关注"需求侧"层面的冰雪游客，聚焦于冰雪旅游体验（张瑞林和李凌，2017）、冰雪旅游满意度（朱晓柯等，2018）等方面。

（2）载文期刊分析。如表 1-2 所示，国内冰雪运动与文化旅游融合研究领域的高载文核心期刊数量为 27（发文量≥3）。其中，《体育文化导刊》《中国商贸》《沈阳体育学院学报》期刊发表冰雪旅游相关研究的文献数量均达到 20 篇以上，是该研究领域的核心载体；其次是《商场现代化》《北京体育大学学报》《学术交流》，分别有 12 篇、11 篇和 10 篇，是冰雪旅游研究的重要载体。综观表 1-2 的期刊来源，可以发现以下特点：①高载文期刊类型多元。主要分为体育学（如《体育文化导刊》《沈阳体育学院学报》）、经济与管理科学（如《中国商贸》《商场现代化》）、资源与环境（如《干旱区资源与环境》《经济地理》），表明国内冰雪运动和文化旅游融合处于繁荣发展阶段，且关于冰雪运动和文化旅游融合发展的领域较多。②具有高影响力的学术期刊相对较少。大多数期刊的影响因子处于一般水平，具有较高影响因子的期刊相对较少，表明目前冰雪文化旅游研究尚未达到较高水平和研究深度，有待进一步纵深发展。

表 1-2 国内冰雪运动与文化旅游融合研究领域的高载文核心期刊 （发文量≥3）

排序	期刊名称	数量	排序	期刊名称	数量
1	体育文化导刊	27	15	商业时代	4
2	中国商贸	26	16	体育科学	4
3	沈阳体育学院学报	21	17	体育与科学	4
4	商场现代化	12	18	人民论坛	4
5	北京体育大学学报	11	19	水利水电技术	3
6	学术交流	10	20	成都体育学院学报	3
7	山东体育学院学报	8	21	广州体育学院学报	3
8	干旱区资源与环境	7	22	城市发展研究	3
9	黑龙江社会科学	7	23	地域研究与开发	3
10	经济地理	7	24	体育学刊	3
11	武汉体育学院学报	5	25	人文地理	3
12	商业研究	5	26	中国体育科技	3
13	税务与经济	4	27	东北亚论坛	3
14	旅游学刊	4			

资料来源：笔者统计。

（3）主题聚类分析。CiteSpace 分析软件提供了三种可视化视图：聚类视图、时区视图和时间线视图。聚类视图侧重于不同研究领域的知识结构；时区视图更注重于描绘各研究主题随时间的演变趋势和相互影响；时间线视图更便于看出某个研究主题的时间跨度。聚类能更精准地分析各领域里研究方向和热点的分类。CiteSpace 通过 Modularity Q 和 Silhouette 值进行网络模块化及网络同质性评价，Q 的取值范围为 [0，1]，Q>0.3 意味着得到的网络社团结构是显著的；Silhouette 值越接近于 1，反映网络的同质性越高，当 Silhouette 值大于 0.7 时，聚类结果具有高信度。通过 CiteSpace 软件的 Clusters 功能导出节点排名前 10 位的关键词聚类（见图 1-3），Modularity Q 为 0.7646，每个聚类的 Silhouette 值均在 0.8 以上，说明聚类效果良好。根据聚类主题可分为 3 个类群，分别是冰雪旅游相关概念、现状分析与资源开发以及典型案例地研究。

1）冰雪旅游相关概念。包括聚类#0（滑雪旅游）、#2（冰雪旅游）、#3（旅游）、#5（冰雪体育旅游）、#9（体育），主要关注冰雪与旅游组合后的各类相关概念。冰雪旅游是以冰雪资源为核心吸引物的旅游活动形式，近年来其内涵与外延得以不断拓展。学者们多将冰雪旅游纳入体育旅游的范畴，甚至用"冰雪体育

图1-3　关键词共现及主题聚类可视化知识图谱

旅游"来喻指这一特殊的旅游活动形式（武传玺，2017；张瑞林和李凌，2017）。陈思宇（2018）指出，冰雪旅游是体育旅游中独具特色的以冰雪资源为主要依托的体育旅游的发展类型。另有部分学者认为，冰雪旅游属于休闲度假旅游（杨志亭和孙建华，2013）。朱晓柯等（2018）指出，冰雪旅游是以冰雪资源和气候资源为依托，以冰雪景观及其产生的所有人文景观为旅游吸引物，以冰雪观光、冰雪运动为主要表现形式，兼具观赏性、参与性、刺激性等特点的休闲度假旅游。从广义上来讲，冰雪旅游主要包括两部分内容：一部分内容是以冰雪观光、游览玩赏为主的休闲娱乐旅游，主要是指观赏冬季旅游目的地丰富的冰雪旅游资源和冰雪景观；另一部分内容是以滑雪、滑冰等冰雪运动为主的休闲度假旅游，主要指去往滑雪场、滑雪度假村参与滑雪等体育休闲运动（石长波和徐硕，2007）。冰雪旅游类型丰富，主要包括冰雪观光旅游、冰雪运动旅游、冰雪娱乐旅游（程志会等，2016），通常划分为观光类、运动休闲类、节庆类、赛事类、游乐类、演艺类、其他体验类七大基本类型（见图1-4）。

　　滑雪运动作为冰雪旅游的主要开展形式，受到国内学者的日益关注，相关成果不断涌现。关于滑雪旅游的研究主要集中在滑雪度假地的管理以及市场竞争策略（王飞和朱志强，2017）、滑雪游客感知（路璐等，2018）、滑雪旅游引致的环境问题及管理（孙嫄、郭芳和刘少冲，2011）等方面。在"需求侧"的滑雪旅游者研究方面，唐绒（2016）构建了山地滑雪旅游者畅爽体验、积极情绪与游客忠诚的结构方程模型，并通过文献研究法和专家咨询法制定了包括技能—挑战平衡的9个维度的山地滑雪旅游者畅爽体验量表；金贤（2018）以延边地区滑雪旅游者为研究对象，对其休闲动机、休闲能力及休闲参与进行了实证研究。

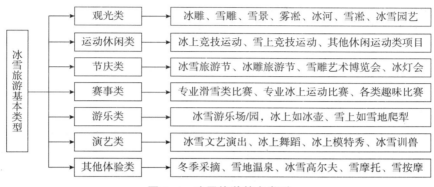

图 1-4　冰雪旅游基本类型

2）现状分析与资源开发。包括聚类#1（现状）、#7（旅游资源）、#8（北京冬奥会）。冰雪资源的现状分析与开发是国内学者长期以来热衷探讨的核心议题。随着大众旅游者对冬季冰雪运动的日益喜爱，许多学者开始广泛探讨各地冰雪资源的现状以及开发旅游的路径与模式。顾兴全（2011）以浙江省安吉县江南天池滑雪旅游开发为例，基于资源观点理论，运用文献分析和参与式观察研究方法，在剖析案例地成功经验的基础上，从参与型体育旅游和观赏型体育旅游两个方面探讨了体育旅游开发的一般规律。赵子祺等（2020）对现阶段我国冰雪运动休闲特色小镇发展现状进行研究，并提出下一阶段的开发路径：培育全体验产品类型，形成全域旅游产品体系；将小镇建设嵌入全域旅游规划布局中，打造各地区差异化特色产品；多部门协同合作，完善冰雪运动休闲特色小镇公共体育服务体系。此外，任婷婷（2020）运用服务业营销组合的 7P 原则对山西省冰雪体育旅游现状和提升路径进行研究。她认为，山西省冰雪体育旅游发展仍有较大提升空间，未来应转变观念，丰富产品供给，提高核心产品的影响力和附加产品的吸引力，同时完善服务过程，并提升企业形象，建立顾客忠诚。值得注意的是，随着 2022 年北京—张家口冬奥会的日益临近，学者们开始聚焦于京津冀部分冰雪旅游目的地的资源现状及旅游开发路径。何胜保（2020）借用昂普（RMP）分析模型，制定了冰雪旅游产品组合开发的"四有"模式。他得出，北京冬奥会张家口赛区冰雪旅游资源含 8 个主类、19 个亚类、35个基本类型，具备冰雪旅游开发的良好资源基础和高端市场基础；未来 5 个雪季客源市场规模稳定增长，运营市场潜力空间较大。陈思宇（2018）从更为宏观的视角对北京和张家口冬奥会促进京津冀冰雪旅游生态化发展进行研究，认为加快旅游生态化的发展是实现产业转型升级、促进企业绿色经济发展的驱动力，对推动京津冀生态文明建设具有重要的作用。需要在基本框架构建完成的前提下，突出政府在发展中的引导作用，构建完善的生态化系统，借冬奥会战略机遇激活产业转型升级推动可持续发展，实现社会、经济和生态效益的平衡发展，全面提升京津冀冰雪旅游产业的国际影响力，为全面建成世界旅游强国提供服务。

3）典型案例地研究。案例地包括#4（黑龙江省）、#6（哈尔滨），重点聚焦于地方发展战略、发展现状及态势、资源评价与可持续发展等。以哈尔滨为代表的黑龙江省和吉林省、辽宁省、新疆维吾尔自治区等地具有得天独厚的冰雪资源和冰雪文化，冰雪旅游开发时间较早，已成为全国较为知名的冰雪旅游目的地。现有许多学者均选择上述目的地进行案例研究。曹士云（2009）认为，黑龙江省冰雪文化产业集群的培育和发展具有得天独厚的自然和区位优势。因此，冰雪文化产业集群的发展需要企业站在已有的高度上继续开拓创新，一方面逐步提高和完善冰雪旅游配套设施，提高冰雪旅游产品档次和冰雪旅游服务质量；另一方面积极开发和培育高质量、具有特色的冰雪文化产业集群。邹克瑾（2020）指出，吉林省冰雪文化旅游衍生品设计开发相对滞后，存在文化挖掘深度不够、设计元素把握不准、产品同质化严重、质量参差不齐、市场购买力低下等问题，需要深入挖掘冰雪文化内涵，围绕冰雪自然文化、冰雪民俗文化等核心要素，设计开发出真正富有吉林省地域特色的冰雪文化旅游衍生品。陆军和孙忠伟（2010）、郭妍菲和李晓东（2009）对新疆维吾尔自治区冰雪旅游的现状及开发可行性进行分析，归纳出影响新疆维吾尔自治区冰雪旅游的影响因素：淡旺季游客不均衡、交通不便、市场不成熟、缺乏专业人才、宣传力度不够。他们提出，新疆维吾尔自治区冰雪旅游发展应发挥政府主管部门的宏观调控作用，加大资金投入，树立品牌，提高竞争力，利用发达的媒体进行宣传，培养相关人才。

（4）研究热点分析。研究热点是某一时间段内在逻辑联系、数量较为集中的期刊文献中所共同研究的科学问题或主题。而关键词是作者对其文章内容的高度凝练与总结，可以反映文章的核心主旨。因此，引用次数高的关键词可视为研究热点，而中心度在0.1以上的关键词一般具有较高的影响力。本书对样本文献进行关键词共现分析得到图1-4和表1-3，图1-4中节点大小与关键词的出现频次呈正相关。同时可以发现，出现频次较高的关键词涉及的研究领域较广，属于多维度的综合性研究。中心度较高的关键词有"冰雪旅游""滑雪旅游""黑龙江省""冰雪体育旅游""体育旅游""滑雪场"等，是该研究领域的重要内容和落脚点。结合年度发文量变化趋势、图1-4和表1-3以及相关文献内容研读，可以将研究热点划分为三个演化阶段：

表 1-3　国内冰雪运动与文化旅游研究领域前 50 位高频关键词（被引频次大于 10）

排序	关键词	被引频次	中心度	排序	关键词	被引频次	中心度
1	冰雪旅游	296	0.38	26	冰雪运动	30	0.03
2	滑雪旅游	139	0.28	27	冰雪旅游产业	30	0.05
3	黑龙江省	114	0.16	28	滑雪	30	0.04
4	对策	88	0.07	29	公共服务	27	0.00
5	冰雪体育旅游	87	0.11	30	北京冬奥会	27	0.00
6	体育旅游	82	0.20	31	冬奥会	25	0.04
7	滑雪场	63	0.10	32	旅游产业	22	0.02
8	黑龙江	61	0.08	33	竞争力	22	0.02
9	哈尔滨	59	0.09	34	冰雪文化	22	0.01
10	吉林省	57	0.06	35	旅游资源	22	0.04
11	发展	56	0.03	36	协同发展	22	0.00
12	可持续发展	49	0.05	37	新疆	21	0.02
13	现状	46	0.03	38	发展策略	18	0.01
14	滑雪产业	40	0.05	39	体育经济	18	0.02
15	旅游	40	0.03	40	东北地区	18	0.02
16	开发	40	0.04	41	亚布力	18	0.02
17	旅游业	39	0.03	42	冰雪旅游资源	18	0.04
18	SWOT 分析	35	0.04	43	体育产业	17	0.03
19	冰雪	34	0.02	44	滑雪旅游产业	14	0.00
20	策略	34	0.01	45	冬季旅游	14	0.02
21	冰雪产业	33	0.04	46	中国	13	0.00
22	京津冀	33	0.00	47	旅游开发	13	0.01
23	营销策略	32	0.03	48	张家口	11	0.02
24	冰雪体育	32	0.02	49	对策研究	11	0.00
25	发展对策	31	0.02	50	哈尔滨市	11	0.01

第一阶段为萌芽期（1990—2006 年），热点词较少但频次和中心度较高。

这一阶段国内冰雪旅游相关研究尚处于起步探索阶段，这一时期的突现词有"策略""黑龙江""旅游产品""对策"（见表1-4），更多的是从定性层面进行简单的政策探讨、路径分析等，年度发文量均小于10篇。1996年2月，中国在黑龙江省的亚布力成功举办了第3届亚洲冬季运动会，黑龙江省得天独厚的滑雪旅游自然资源和别具特色的人文环境得以展示于世人面前，受到国内外滑雪爱好者和旅游界的青睐，黑龙江省滑雪旅游急剧升温，也带动了国内学术界对于冰雪旅游的关注。韩杰和韩丁（2001）为促进我国滑雪旅游业稳步、持续发展，就滑雪旅游历史进程、自然地理条件、滑雪地与滑雪场建设、客源市场状况等方面进行了中外对比。吴必虎和党宁（2004）研究了中国滑雪旅游的需求情况，运用德尔菲法计算得出滑雪旅游市场需求综合潜力指数。总的来看，这一阶段，相关研究多为探索性的定性研究和策略探讨，研究深度较为缺乏。

第二阶段为蓄势期（2007—2014年），出现了更多高频次、高中心度的热点词，研究内容更为广泛、研究视野更为开阔。2009年，黑龙江省哈尔滨市成功承办了世界大学生冬季运动会，标志着哈尔滨市的冰雪资源开发已经走向世界，"冰雪旅游"开始进一步进入学者视野。这一阶段出现的突现词主要有"旅游""体育旅游""新疆""旅游开发""滑雪旅游""滑雪旅游产业""冰雪体育""滑雪运动"（见表1-4）。可以发现，学术界对于滑雪旅游及其产业经济属性关注较多。新疆维吾尔自治区作为新兴的滑雪旅游目的地，引起了学者们的关注，这与滑雪运动在国内的推广普及密不可分。据统计，2010—2011年滑雪季，我国滑雪人次达到了1000万。李松梅等（2010）依据建立旅游可持续发展指标体系的原则，通过对相关指标的调查与分析，初步构建了区域滑雪体育旅游可持续发展指标体系框架，并以黑龙江省为例进行实证分析。李飞和刘敏（2012）将滑雪旅游地划分为山岳型、城市公园型和室内型三种类型，并进一步聚焦于山岳型滑雪旅游地，总结了其15年来的主要发展问题——管理与经营、生态环境、季节性、度假地建设，具体包括国家财产所有权的监督缺位问题、滑雪地建设与环境政策问题、滑雪旅游特有的反季节性与动态季节性问题等。可以说，在这一阶段，相关研究持续深入，且初步形成了几个研究热点。

第三阶段为发展期（2015—2020年），研究内容更为细化和深化。这一阶段出现的突现词主要有"冬奥会""体育经济""张家口""冰雪产业""滑雪产业""冰雪运动""营销策略""冰雪文化""崇礼"（见表1-4）。2015年北京成功申办2022年北京—张家口冬奥会，引发学术界的极大关注。这一时间段，学者们重点关注了冬奥会与冰雪旅游发展、体育经济（冰雪产业、滑雪产业）、新兴冰雪目的地（张家口）、冰雪文化、营销策略。杨润田和徐腾达（2019）应用回归分析法等预测了未来 5 年崇礼滑雪旅游产业的收入总量，并以各种方法的平均值作为最终结果。研究结果显示，到 2022 年崇礼滑雪旅游产业规模将达到 43 亿元人民币，年均保持 11% 左右的增长率。常晓铭和刘卫国（2020）研究后提出北京冬奥会推动我国"一带一路"沿线冰雪旅游产业融合发展路径的构想，即：加快冰雪旅游产业与其他相关产业的深度融合发展，打造冰雪旅游产业与其他相关产业深度融合品牌；加快冰雪旅游与生态文化的深度融合发展，彰显冰雪旅游与生态文化深度融合的亮点；构建完善的冰雪旅游公共服务保障体系。在冰雪文化研究方面，司亮（2020）以冰雪文化成为空间消费品为切入点，针对我国冰雪文化消费不足的问题，提出了冰雪文化消费空间的概念；索继明和唐衍武（2018）认为，应将冰雪陶艺全面融合和渗透到北方冰雪文化创意产业链中，并对冰雪陶艺产业化发展策略与路径进行了探讨。总的来看，此阶段相关研究由定性研究逐渐转向定量研究，由供给侧主导到供给需求并重，研究视角从宏观逐渐向中微观过渡，学术积累和知识外溢更为显著。

表 1-4　1990—2020 年国内冰雪运动与文化旅游融合研究突现词

序号	起始年份/Begin	结束年份/End	突现力度/Strength	分析年份/Year	突现词/Entity
1	1990	2001	5.8892	1990—2020	策略
2	1998	2006	4.9564	1990—2020	黑龙江
3	2002	2006	4.5188	1990—2020	旅游产品
4	2002	2006	4.1082	1990—2020	对策
5	2006	2008	3.8714	1990—2020	旅游
6	2008	2009	3.9520	1990—2020	体育旅游
7	2009	2010	7.5217	1990—2020	新疆
8	2009	2011	4.0875	1990—2020	旅游开发
9	2010	2011	7.8735	1990—2020	滑雪旅游
10	2012	2017	4.5091	1990—2020	滑雪旅游产业
11	2013	2015	5.0576	1990—2020	冰雪体育
12	2014	2017	3.7565	1990—2020	滑雪运动
13	2015	2020	8.6426	1990—2020	冬奥会
14	2015	2020	4.2188	1990—2020	体育经济
15	2015	2020	3.7306	1990—2020	张家口
16	2016	2020	7.6639	1990—2020	冰雪产业

续表

序号	起始年份/Begin	结束年份/End	突现力度/Strength	分析年份/Year	突现词/Entity
17	2016	2020	5.7726	1990—2020	滑雪产业
18	2017	2020	7.2968	1990—2020	冰雪运动
19	2017	2020	4.0217	1990—2020	营销策略
20	2018	2020	7.8694	1990—2020	冰雪文化
21	2018	2020	3.6890	1990—2020	崇礼

2. 国外数据分析

（1）发文趋势分析。国际冰雪运动与文化旅游研究年度发文量如图 1-5 所示。由于 1986—2006 年的发文量过少（年度发文量小于 5，不具有统计意义），因此本书仅截取发文量较多的 2007—2020 年时段。可以看出，2007—2020 年，国际冰雪运动与文化旅游领域研究的发文数量总体呈增加趋势，并经历了萌芽起步期、快速成长期、平稳发展期、高潮跃进期四个阶段。①萌芽起步期（2007 年以前），虽然年均发文量在 3 篇以下，但学者们已开始关注该领域，并进行了初步研究；②快速成长期（2007—2011 年），发文量迅猛增加，2011 年达到顶峰，发文量为 21 篇，说明相关研究开始吸引更多学者的关注和重视；③平稳发展期（2012—2017 年），发文量下降到 10 篇以内，但保持较为稳定的年均 10 篇发文量，表明该研究领域已成为一个不可忽视的重要研究方向；④高潮跃进期（2018—2020 年），2018 年发文量又开始出现翻倍式跃增，到 2019 年达到峰值，全年发文量为 23 篇，说明该领域的研究热度和受重视程度不断上升。

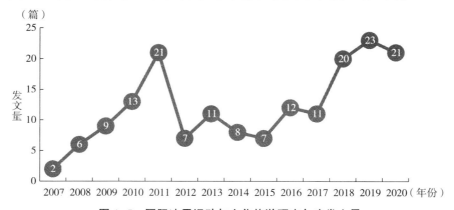

图 1-5　国际冰雪运动与文化旅游研究年度发文量

（2）研究热点分析。结合表 1-5 可知，中心度较高的研究关键词有"climate change""competitiveness"。结合关键词及聚类主题，可将表 1-5 与图 1-6 中所示的前 10 个聚类分为 3 个主题类群，分别是高山滑雪旅游、冰雪目的地游憩以及冰雪旅游与气候变化。

表 1-5　国内冰雪运动与文化旅游研究领域前 26 位高频关键词（被引频次 ≥ 5）

排序	关键词	被引频次	中心度	排序	关键词	被引频次	中心度
1	climate change	65	0.13	14	management	9	0.06
2	winter tourism	37	0.09	15	skiing	9	0.03
3	impact	31	0.06	16	perception	8	0.03
4	adaption	29	0.03	17	behavior	7	0.05
5	tourism	29	0.06	18	change vulnerability	7	0.02
6	snowmaking	28	0.04	19	competitiveness	6	0.11
7	industry	21	0.07	20	destination	6	0.05
8	ski resort	17	0.09	21	ice and snow tourism	6	0.06
9	weather	15	0.02	22	scenario	6	0.02
10	vulnerability	12	0.02	23	future	6	0.02
11	ski tourism	12	0.01	24	quality	5	0.01
12	demand	11	0.10	25	attitude	5	0.02
13	austria	10	0.06	26	change impact	5	0.03

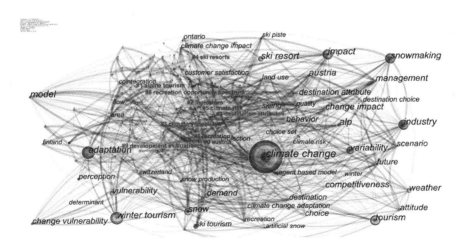

图 1-6　国际冰雪运动与文化旅游研究关键词知识图谱

1）高山滑雪旅游。包括聚类#0 "austria"、聚类#1 "alpine tourism"、聚类#4 "ski resorts"。在国外，高山滑雪历史源远流长，在诸多冰雪旅游目的地国家，如北欧的挪威、奥地利、瑞士等，高山滑雪（alpine ski tourism）已成为广受大众推崇的冬季旅游项目。Steiger 等（2019）指出，滑雪旅游是一个数十亿美元的国际市场，每年吸引 3 亿~3.5 亿人次的滑雪游客。学者们对于滑雪度假区（ski resort）的管理问题、生态承载力等（Nordin and Svensson，2007；Pullman and Thompson，2002）进行了诸多探讨。同时，就滑雪旅游引致的环境问题及管理策略（Pröbstl-Haider et al.，2019；Kubota and Shimano，2010；Lasanta et al.，2007）也同样进行了诸多研究。Eitzinger 和 Wiedemann（2007）以蒂罗尔高山地区为案例，探究了高山滑雪目的地潜藏的典型风险。研究发现，风险一方面是与冬季运动相关的（缆车事故、滑雪事故和滑雪旅行中迷路），另一方面则是自然灾害（雷电、风暴、雪崩等）。Wiss 等（1998）探究了滑雪游客、滑雪胜地居民以及奥地利和比利时的国家居民对冬季旅游胜地出现的生态问题的反应。他们研究后得出，奥地利冬季旅游部门需要将生态因素纳入其冰雪旅游的发展规划之中，以便有利于其经济状况的改善。

2）冰雪目的地游憩。包括聚类#2 "destination attribute"、聚类#6 "recreation opportunity spectrum"、聚类#8 "recreation"。在这一研究主题上，学者们多从需求侧的"冰雪旅游者"出发，探究其在冰雪目的地的旅游体验和满意度等，以实现冰雪目的地的可持续发展。Hudson 和 Shephard（1998）运用焦点小组和深入访谈的方法来识别和评估滑雪胜地的属性（特征和服务）。Riegler 和 Wittmer（2012）研究了日间和夜间游客在滑雪目的地选择因素上的差异，发现日间游客更看重滑雪场质量的相关因素（ski area quality related factors），而过夜游客则更看重滑雪目的地的整体表现（the overall performance of the ski destination）。Needham 等（2013）从旅游者视角探究了其对高山滑雪区自愿环境项目（Voluntary Environmental Programs，VEPs）的感知、依恋、价值取向等。Faullant 等（2008）以高山滑雪目的地为研究案例，探究了滑雪游客的目的地形象与满意度对其忠诚度的影响，发现满意度和形象评分最高的滑雪场，游客的忠诚度得分最高；在第一次访问的访客中，整体满意度比形象更重要，随着重复访问次数的增加，整体满意度的重要性下降，而形象的重要性相对增强。冰雪旅游的游客出游限制与动机方面同样引起了学者们的诸多关注。Williams 和 Fidgeon（2000）聚焦于加拿大的潜在滑雪者的参与制约，并将其划分为三大维度：危险/恐惧（如滑雪似乎是一项速度很快的运动、害怕失去控制等）、成本约束

（如滑雪装备成本、滑雪花费太多时间等）、困难（如滑雪需要较高的身体素质、不确定如何学习滑雪等），并据此得出了相应的吸引非滑雪的潜在旅游者的改进策略。Konu 等（2011）根据滑雪目的地选择属性对芬兰的滑雪胜地游客进行细分，使用因子聚类方法确定了被动游客、越野滑雪者、运动寻求者、放松寻求者等六个不同的客户群。

3）冰雪旅游与气候变化。包括聚类#3 "climate risk"、聚类#5 "climate varia-bility"、聚类#9 "development evaluation"。作为生态旅游产品谱系的重要类型，冰雪旅游的发展与自然气候（climate/weather）有着密不可分的关系。21 世纪以来，全球气候变暖已成为困扰自然生态旅游的重要因素之一，尤其是高山滑雪运动，更是对其可持续发展产生了严重冲击。由于其对特定气候条件的强烈依赖，滑雪产业被认为是受气候变化影响最直接的旅游市场，因而气候变化风险在滑雪行业及其投资者中引起了相当大的关注。学者们研究发现，气温升高导致降雪减少，带来冬季季节的缩短，从而使高山地区滑雪者的天数不断减少。因此，气候变化对冰雪旅游的影响引起了国外学者的广泛关注，已成为重要的研究方向之一（Walters and Golubvoskaya，2014；Steiger et al.，2019）。Dawson 和 Scott（2013）以美国东北地区为例，通过对该地区 103 个滑雪场的局部影响建模，探讨了气候变化的综合区域影响。Scott 等（2006）通过建立一个研究模型来评估气候变化对季节长度、关键旅游时段运营概率、造雪成本和水需求的影响，并探讨了如何降低六个研究区域的滑雪区对气候变化的脆弱性，为滑雪度假区的可持续发展提供了相应策略。Yang 和 Wan（2010）系统总结了气候变化对于滑雪旅游的综合影响，研究发现未来气候变暖将导致许多低海拔、低纬度滑雪场的滑雪面积减少、滑雪季节缩短、滑雪游客急剧减少。在未来的研究中，应重视加强跨领域合作，更多地考虑气候环境变化对旅游流的影响因素。在未来的滑雪场规划和管理中，应考虑全球气候变化可能带来的影响。

（三）研究述评

国内对冰雪运动与文化旅游的结合虽早已有学者进行了研究探讨，但一直处于学术研究中的边缘地位，国际对于此领域的相关研究则起步较早，且研究范畴和研究方法等均较为广泛和丰富，形成了较为丰厚的知识溢出和理论贡献。

通过上述对于国内外滑雪运动与文化旅游融合相关研究的分析，可以得出以下结论：①国内研究主要关注的是冰雪旅游的资源开发与发展策略、冬奥会对区域冰雪旅游的拉动和促进效应、冰雪旅游产业的布局等，研究视角较为宏观，且较为单一。相比之下，国际有关冰雪旅游的学术研究则更加注重冰雪旅游目的地引致的生态环境等问题及其解决路径、气候变化与冰雪旅游地的调控策略、冰雪旅游目的地的经营管理问题等，研究视角更为多元且微观，广泛涉及多个层面，具有一定的研究深度。②国内相关研究逐渐由基于供给侧的"冰雪目的地"视角转化为基于需求侧的"冰雪游客"与基于供给侧的"冰雪目的地"并重，研究范畴逐渐多元化和微观化，逐渐成为体育运动与文化旅游研究领域的重要研究内容。此外，对于冬奥会与冰雪旅游的相关研究成为国内冰雪运动与文化旅游研究领域的重要议题。而国际相关研究近年来则多聚焦于气候变化下的冰雪旅游目的地发展策略调整及推进路径，广泛探究了气候变暖对于冰雪目的地的多维度影响。③研究方法上，国内对于冰雪运动与文化旅游的研究探讨长期以来多为简单的定性探讨，如发展策略与路径等，定量的实证研究较为缺乏，理论建构与知识溢出尚且不足。

基于此，笔者对未来国内冰雪运动与文化旅游融合研究提出了以下建议：

第一，拓宽研究范畴，全面构建冰雪运动与文化旅游的融合机制和路径。现有国内相关研究对于冰雪运动与文化旅游融合机制和路径的探讨尚且不足，且来自宏观层面，缺乏基于案例的微观层面的具象研究，有待进一步丰富和深化。

第二，加强理论建构，深入挖掘冰雪运动与文化旅游融合的理论框架和体系。纵观现有相关研究可以发现，国内冰雪运动与文化旅游的相关研究大多为实践导向，缺乏理论导向的学术研究，这不利于该领域的学术积淀和知识溢出。未来应进一步转化研究思路，借鉴其他学科（如体育学、旅游学、文化学、产业经济学等）的前沿理论，致力于探索更多、更具有创新性的理论框架与研究体系，同时也为全面剖析冰雪旅游、冰雪文化的现象及其本质提供理论支撑和有益视角。

第三，丰富研究方法，引用前沿学术研究方法强化研究内容和理论贡献。现有冰雪运动与文化旅游的相关研究虽然日趋丰富，但研究方法较为传统、研究理论较为单一，缺乏创新，未来应注重引入新兴研究方法（如实验法、GIS、大数据方法等），以更好地促进对冰雪运动与文化旅游融合的深入研究。

第二章
迎接新时期重大市场机遇

2022 年冬奥会的成功申办为我国冰雪运动与产业发展带来了前所未有的机遇，在经济新常态下，国民文化旅游消费意愿和能力明显上升，伴随着国家政策对冰雪运动和文化旅游产业设施的全面推动，国民对冰雪运动和文化旅游体验的需求也明显增加，尤其是对冬奥会举办地的关注度最高。因而，正确认识和培育新时期的市场机遇，是推动北京冰雪运动与文化产业融合发展的重要基础。

一、充分利用冬奥会对冰雪旅游的重大推动作用

（一）国际经验证明冬奥会对冰雪旅游的促进作用明显

自 1924 年法国夏慕尼举办第一届冬奥会以来，迄今已经举办了 23 届冬奥会。国际经验证明，冬奥会不仅能够提升目的地的国际形象，还会极大促进冰雪运动及旅游市场的开发。促进作用主要体现在以下三个方面：

第一，将冰雪资源胜地推向国际视野，迅速提高文化旅游知名度。以 2002 年冬奥会举办地美国盐湖城为例，在冬奥会举办之前，盐湖城仅为美国著名的滑雪胜地，在国际上的知名度并不高，但冬奥会之后盐湖城滑雪胜地的知名度响彻国际，游客数量也迅速增长，为其冰雪旅游创造了巨大收益[①]。

第二，冬奥会带来的雄厚资金、先进科技、优质的服务理念为承办地的冰雪旅游综合服务建设提供了保障。以 1972 年冬奥会的举办地日本北海道的札幌为例。为承接冬奥会，日本政府对札幌进行了国际化的滑雪赛事场地的建设，打造了众多顶级的设施设备。冬奥会之后，札幌充分利用奥运遗产发展冰雪旅游，如今已成为国际著名的冰雪旅游度假胜地[②]。

---

① 王赵坤. 冬奥会与国际旅游目的地相关设施共建共享研究［D］. 河北建筑工程学院，2019.
② 刘花香. 京津冀滑雪目的地的竞争力研究［D］. 北京体育大学，2019.

第三，营造冰雪运动氛围，推动冰雪运动的大众化进程。以 2010 年加拿大温哥华冬奥会为例。冬奥会后，以温哥华为代表的加拿大各个城市的众多市民纷纷加入冰雪运动中，使冰雪运动由以往的专业爱好者的运动逐渐转变为大众化运动。因此，冬奥会的举办有利于培育巨大的冰雪旅游客源市场①。

（二）国家相关政策为冰雪旅游发展带来重大机遇

冰雪旅游作为运动旅游的特性，决定了其发展必然以冰雪运动本身为基础。以筹办冬奥会为契机，冰雪运动相关政策陆续出台，为冰雪运动设施的改善提供了重要支撑，成为冰雪旅游发展的必要基础。2018 年 9 月 5 日，国家体育总局公布《"带动三亿人参与冰雪运动"实施纲要（2018—2022 年）》，以推广普及群众性冰雪运动为核心目标，提出了丰富冰雪赛事活动、普及青少年冰雪运动、培育冰雪文化等重要措施；2019 年 3 月，中共中央办公厅、国务院办公厅印发了《关于以 2022 年北京冬奥会为契机大力发展冰雪运动的意见》，分别对冰雪竞技、群众冰雪运动、青少年冰雪运动、冰雪产业的发展提出了相应要求和实施意见。截至 2019 年底，全国滑雪场达到 770 座，东北地区、华北地区的滑雪场总数量达到了 504 座；滑冰场馆数量达到 388 家。随着国家政策和各地方政策的实施，冰雪运动设施建设快速推进，为冰雪旅游发展提供了重要环境。

此外，国家政策有利于促进冰雪运动的大众化，为扩大冰雪旅游消费群体提供了重要基础。根据企鹅智酷发布的《冰雪经济遇上奥运周期：中国冰雪人群 & 潜在用户调研报告》显示，在关注冰雪运动的人群中，重度爱好者占比 18.9%，偶尔关注人群占比 51.9%，这充分体现出初级滑雪市场的特征。而在关注冰雪运动的人群中，非常热衷者占比达到 45.4%，复滑率较高，说明通过引导大众更多地接触冰雪运动，将对促进冰雪运动发展起到重要的作用。特别是通过推动青少年冰雪运动教育发展，将有利于大幅度提升潜在的冰雪运动和旅游群体。北京冬奥组委与国家体育总局共同制定并实施的《北京 2022 年冬奥会和冬残奥会中小学生奥林匹克教育计划》，以及教育部认定并命名 627 所中小学校为北京 2022 年冬奥会和冬残奥会奥林匹克教育示范学校、1036 所中小学校为全国青少年校园冰雪运动特色学校等政策，将有效提升我国青少年冰雪运动的参与度，这对于促进亲子冰雪旅游市场发展及培育潜在的冰雪旅游消费群体提供了重要支撑。

---

① Weiler J. The Evolution of 2010 Legacies Now：A Continuing Legacy of the 2010 Winter Games through Venture Philanthropy ［D］. Vancouver, 2011.

（三）冬奥会场馆和设施建设为打造高端冰雪文化旅游目的地奠定了基础

2022 年北京冬奥会分为冰上项目和雪上项目，共设有滑冰、冰球、冰壶、冬季两项、滑雪、雪橇、雪车 7 个大项，15 个分项，109 个小项目，其中北京将承办所有冰上项目，延庆和张家口将承办全部雪上项目。为满足冬奥会比赛项目要求，既有基于原有场馆的改造升级，也有为奥运会新建的永久及临时场馆，建成完工后，冰雪运动场馆空间充足，冰雪项目赛道等级完备，其中包括建成一些在全国、亚洲甚至全球都具有领先水平的高等级赛道设施；人工造雪、制冰等相关器材和技术方面进一步提升，实现了节能减排，还大幅度提高了制冰效率；此外，度假村功能也更加齐全。场馆不仅采用"绿电"供应模式，以实现可持续利用，同时还将 5G、人工智能、大数据等技术应用到场馆的建设中，冰上综合训练馆"冰坛"场馆的冰场采用两套单独的跨临界二氧化碳制冷系统，为国内首个二氧化碳直接蒸发制冷冰场，这些设施和场馆建设，全面提升了北京—张家口地区冰雪设施的总体水平，并能够通过高端设施适度弥补区域冰雪自然条件的限制。

国外知名滑雪场地在设施建设方面主要为历届冬奥会时期兴建的许多顶级的冰雪场馆，但其中将可持续发展理念和本国文化同时融入冬奥会场馆建设的并不多，而我国冬奥场馆的建设却把这一点发挥到了极致。如此集聚智慧、文化、颜值的场馆及设施将成为我国冰雪旅游的重大吸引力，将推动我国冰雪旅游的发展。

（四）全国冰雪消费者规模显著提升，京津冀地区吸引力显著提升

自冬奥会申办成功以来，我国冰雪消费者规模显著增长，2018—2019 年冰雪季我国冰雪旅游人数达到 2.24 亿人次，冰雪旅游收入为 3860 亿元，分别比 2017—2018 年冰雪季增长 13.7%、17.1%。预计到 2021—2022 年冰雪季，旅游人数可达 3.4 亿人次，收入可达 6800 亿元[①]。如图 2-1 所示，2019 年，我国国内滑雪场的滑雪人次[②]由 2018 年全年的 1970 万上升到 2090 万，同比增幅为 6.09%，滑雪者在国内滑雪场的人均滑雪次数由 2018 年的 1.49 次上升为 1.60 次，一次性体验滑雪者占比由 2018 年的 75.38%下降为 72.04%，滑雪爱好者比例有所上升。从 2019 年国内滑雪人次的分布来看，河北省、吉林省、北京市增长

---

① 资料来源：《中国冰雪旅游发展报告 2020》。
② 我国冰雪运动及旅游产业数据来自《中国滑雪产业白皮书（2019 年度报告）》。

态势明显，超越黑龙江省，成为前三甲。其中，河北、吉林两省全年滑雪人次突破 200 万，京津冀地区超过东北三省，成为全国滑雪人次规模的第一大区域；根据雪族科技线上记录的滑雪爱好者信息来看，在 2018—2019 年全国滑雪爱好者分布占比中，北京市和河北省分别为 22%、18%，是省级目的地中占比最多的两个①，北京市、河北省及东北三省占到全国的 72%，具有极高的集聚度。

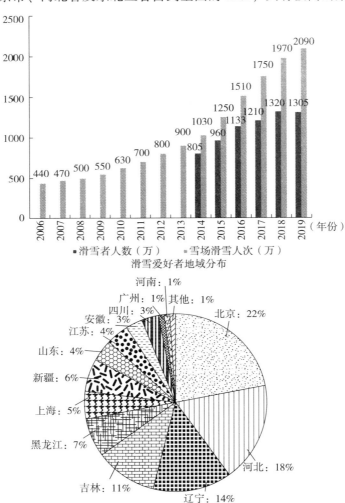

图 2-1　滑雪人次及地域分布

资料来源：《中国滑雪产业白皮书（2019 年度报告）》。

---

① 资料来源：《中国滑雪产业白皮书（2019 年度报告）》。

2020 年冰雪旅游人气新兴目的地排名前十的分别是拉萨、乌鲁木齐、张家口、石家庄、神农架、西宁、林芝、银川、呼伦贝尔和承德。河北省依托冬奥会建设，成为新兴的冰雪旅游目的地。热门的冰雪旅游路线虽然仍以东北为主，但北京市和河北省的跨区域线路也进入了第十位，冰雪旅游人数呈现出爆发式的增长。

（五）京津冀冰雪设施和产业水平领跑全国

北京—崇礼作为冬奥会冰上项目的主赛场，京津冀地区除大力建设奥林匹克中心区赛事滑冰馆外，总体冰雪场馆数量明显增加，2019 年全国滑雪场总数为 770 家（含室内滑雪场，不含旱雪、模拟滑雪器等），其中河北省滑雪场数量排全国第四位；北京市拥有滑雪场 25 个，滑冰场馆 77 家；河北省滑雪场增长到 61 家，冰场 74 家；天津滑雪场 13 家，冰场 20 家[①]。从滑雪场的数量来看，尽管东北三省仍居于优势地位，但京津冀的发展速度居全国领先地位。

此外，京津冀冰雪设施也得到了全面提升，各大滑雪场不断加强滑雪场硬件设施的建设，提高滑雪场的运行效率，崇礼万龙滑雪场、太舞滑雪场、云顶滑雪场等已具备国际化接待水平。国内共有架空索道滑雪场 155 家，河北省拥有架空索道的滑雪场从 2015 年的 9 家增加至 2019 年的 22 家；全国架空索道总数 261 条，京津冀地区共 73 条，占全国比重约为 28%，其中河北省架空索道数量从 2015 年的 25 条增加至 2019 年的 49 条，数量居全国第一；脱挂式架空索道全国共 60 条，京津冀地区共 24 条，占全国比重达 40%，其中北京市 3 条，河北省 21 条，全部在张家口市。[②] 2020 年京津冀滑雪场相关信息如表 2-1 所示。

表 2-1 　2020 年京津冀滑雪场相关信息

地区	滑雪场数量（个）	架空索道数量（个）	脱挂式架空索道数量（个）	2019 年滑雪人次（万）	2019 年滑雪人次增幅
北京市	25	23	3	189	7.27%
天津市	13	1	0	46	4.55%
河北省	61	49	21	243	15.62%

资料来源：《中国滑雪产业白皮书（2019 年度报告）》。

---

① 资料来源：《中国滑雪产业白皮书（2019 年度报告）》，滑冰场数据根据网络数据查询统计。
② 中国体育场馆协会. 中国滑雪产业白皮书（2019 年度报告）［EB/OL］. https：//www. sohu. com/a/376520666_503564，（2020-02-28）［2020-08-31］.

伴随着北京—太子城高铁的建成，酒店、餐饮、购物、娱乐等服务设施的进一步完善，京津冀地区冰雪旅游的可进入性进一步提升；崇礼地区大部分滑雪场周边已具备食、住、行、游、购、娱的综合性服务能力，已逐步呈现旅游型小镇的基本规模；北京依托其国际大都市的综合旅游服务功能，为京津冀地区国际冰雪旅游服务提供了完善的产业支撑。近年来，京津冀冰雪旅游的快速发展打破了东北冰雪旅游一枝独秀的局面，2020 年携程网数据显示，张家口市、北京市在人气滑雪场中排名分别为第 5 名、第 6 名，仅排在东北著名冰雪旅游城市之后。境内 14 个热门滑雪场中，张家口市有 4 个，北京市 1 个。此外，依托冬奥冰雪场馆和设施建设，河北省冰雪产业格局已逐步形成，以北京—张家口为核心的北京（京津冀）冰雪产业空间格局将逐步完善，呈现出突出的经济一体化带动作用。

二、准确把握区域市场需求特征

为进一步了解区域市场的需求特征，本部分将分别通过问卷调查和网络在线数据，对北京冰雪旅游的消费者特征及对冰雪旅游现状的满意度进行分析。

（一）基于问卷调查的北京（京津冀）冰雪旅游需求及潜力

2020 年 1 月，通过线下、线上问卷相结合的方式对京津冀冰雪旅游需求及潜力开展了调查。共发放问卷 298 份，有效问卷 293 份（纸质问卷 120 份，电子问卷 173 份），问卷有效率为 98%（纸质问卷有效率 100%，电子问卷有效率 97%）。

1. 北京（京津冀）冰雪旅游消费者人口结构特征

消费者以中青年群体、初级爱好者群体为主。通过对有效数据进行统计分析，得到以下结果：京津冀消费者在性别比方面相差不大，女性游客在数量方面略高于男性，男女性别比约为 2：3；年龄结构方面，以中青年游客为主，其中 18~24 岁游客占比 48.8%，25~34 岁游客占比 32.4%，35~44 岁游客占比 10.2%，45~54 岁游客占比 4.1%，18 岁以下游客占比 3.1%，55~64 岁游客占比 1.0%；客源地方面，以北京为主，其中来自北京的游客占比 48.5%，来自河北的游客占比 20.1%，来自天津的游客占比 2.0%，来自其他地区的游客占比 29.4%；消费者滑雪运动参与时长（以下简称雪龄）方面，主要为不满 1 年者，占比 61.4%，1~3 年的占比 20.1%，3~5 年的占比 7.8%，5~10 年的占比 5.8%，

10~20 年的占比 4.4%，20 年以上的占比 0.3%；专业度方面，以初级体验者和普通爱好者为主，分别占比 31.4%、30%，第一次参加的占比 19.5%，资深爱好者占比 7.2%，专业运动员占比 0.3%（见表 2-2）。

表 2-2 京津冀冰雪旅游消费者人口统计学特征

项目	内容	数量（人）	比重（%）	项目	内容	数量（人）	比重（%）
性别	男	115	39.66		20 年以上	1	0.3
	女	175	60.34		10~20 年	13	4.4
年龄	18 岁以下	9	3.1	雪龄	5~10 年	17	5.8
	18~24 岁	143	48.8		3~5 年	23	7.8
	25~34 岁	95	32.4		1~3 年	59	20.1
	35~44 岁	30	10.2		不满 1 年	180	61.4
	45~54 岁	12	4.1	专业度	专业运动员	1	0.3
	55~64 岁	3	1.0		资深爱好者	21	7.2
客源地	北京	142	48.5		普通爱好者	88	30
	天津	6	2.0		初级体验者	92	31.4
	河北	59	20.1		第一次参加	57	19.5
	其他	86	29.4		不感兴趣	34	11.6

2. 北京（京津冀）冰雪旅游消费者消费特征

消费者出行结构以朋友出行、家庭或亲子出游为主；休闲度假和冰雪运动是最主要的消费动机；提升休闲环境和升级雪道条件有利于扩大消费者空间范围和规模。出游结构方面，以朋友出游为主，占比 65.9%；其次为家庭出游，占比 29.7%；之后依次为情侣出游占比 21.2%、个人出游占比 10.2%、亲子出游占比 9.2%、公司团建占比 8.5%（见图 2-2）。出游目的方面，滑雪运动和休闲度假是主要的出游目的，分别占比 57.70%、48.80%；次之为亲子游，占比 22.2%；商务活动和其他目的的占比较少，分别为 1.70%、6.10%（见图 2-3）。目的地选择影响因素方面，交通便利离家近和雪道条件好成为主要的影响因素，分别占比 50.2%、40.3%；设施及服务好、价格便宜、周边旅游及休闲娱乐条件好、朋友及社团集中活动地点也对消费者关于冰雪旅游目的地的选择产生较大的影响（见图 2-4）。停留时间方面，以短期游游客为主，占比 93.74%，其中一日游占比 60.9%，两日游占比 22.84%（见图 2-5）。平均花费方面，以

200~500元居多，占比44%，其余各层级花费比例相差不多（见图2-6）。

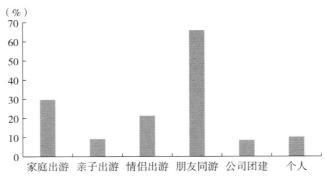

图2-2　出游模式

图2-3　出游目的　　　　　　图2-4　目的地选择的影响因素

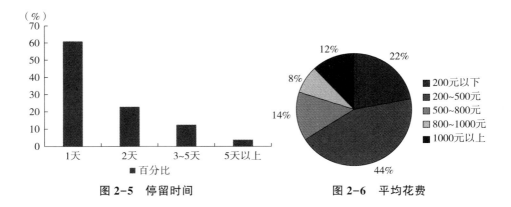

图2-5　停留时间　　　　　　图2-6　平均花费

3. 冰雪旅游空间距离及文娱活动影响分析

（1）消费者冰雪旅游空间距离分析。在冰雪运动的决策影响因素方面，消费者对距离、价格都有较高的敏感性，交通便利性和价格便宜对消费者的决策影响超过了滑雪条件和旅游体验。消费者群体由于冰雪爱好者比重较低，对冰雪设施条件的关注度不是很高。在影响消费者决策的因素中，占比较大的有：①交通便利，离家近；②价格便宜；③雪道条件好；④周边旅游及休闲娱乐条件好；⑤雪场设施及服务好。它们的占比依次为50.29%、24.86%、21.97%、19.65%、17.92%。这表明，良好的景区可达性、适当的空间距离、合理的价格、优质的雪场条件及服务设施、丰富的休闲业态对消费者决策有较明显的影响。

就消费者出行距离的影响因素来看，冰雪运动条件和旅游服务条件的提升有利于增加消费者的出行距离。就相关因素改善对消费者出行距离的影响来看，当改善或提高雪道条件、雪场设施及服务、教练及培训服务、周边娱乐设施、周边旅游景点、周边住宿设施、周边购物设施、旅游活动体验、亲子及家庭服务、交通便利程度、雪场消费价格等因素时，选择"不愿意改变原来的冰雪旅游距离"和"本省其他城市"的人数减少，选择"国内其他省份"和"国外"的人数增加，表明这些因素对消费者冰雪旅游出游距离有显著的影响（见表2-3）。通过对各因素下的"国内其他省份"和"国外"皮尔逊相关系数取平均值，得出影响消费者冰雪旅游距离程度大小的相关因子排序为：雪道条件>雪场设施及服务>周边住宿设施>周边娱乐设施>教练及培训服务>雪场消费价格>亲子及家庭服务>交通便利程度>周边旅游景点>旅游活动体验>周边购物设施（参见表2-4）。

表2-3 消费者冰雪旅游距离与相关因子的相关性

相关性	A10 您最远可以接受的冰雪旅游距离——皮尔逊相关性
A17 雪道条件×不愿意改变原来的冰雪旅游距离	-0.185**
A17 雪道条件×本省其他城市	-0.240**
A17 雪道条件×国内其他省份	0.244**
A17 雪道条件×国外	0.410**
A17 雪场设施及服务×不愿意改变原来的冰雪旅游距离	-0.207**
A17 雪场设施及服务×本省其他城市	-0.183**
A17 雪场设施及服务×国内其他省份	0.231**
A17 雪场设施及服务×国外	0.305**
A17 教练及培训服务×不愿意改变原来的冰雪旅游距离	-0.140*
A17 教练及培训服务×本省其他城市	-0.175**

续表

相关性	A10 您最远可以接受的冰雪旅游距离——皮尔逊相关性
A17 教练及培训服务×国内其他省份	0.241**
A17 教练及培训服务×国外	0.216**
A17 周边娱乐设施×不愿意改变原来的冰雪旅游距离	−0.097
A17 周边娱乐设施×本省其他城市	−0.220**
A17 周边娱乐设施×国内其他省份	0.166**
A17 周边娱乐设施×国外	0.303**
A17 周边旅游景点×不愿意改变原来的冰雪旅游距离	−0.092
A17 周边旅游景点×本省其他城市	−0.266**
A17 周边旅游景点×国内其他省份	0.124*
A17 周边旅游景点×国外	0.251**
A17 周边住宿设施×不愿意改变原来的冰雪旅游距离	−0.139*
A17 周边住宿设施×本省其他城市	−0.240**
A17 周边住宿设施×国内其他省份	0.147*
A17 周边住宿设施×国外	0.334**
A17 周边购物设施×不愿意改变原来的冰雪旅游距离	−0.124*
A17 周边购物设施×本省其他城市	−0.142*
A17 周边购物设施×国内其他省份	0.053
A17 周边购物设施×国外	0.292**
A17 旅游活动体验×不愿意改变原来的冰雪旅游距离	−0.153**
A17 旅游活动体验×本省其他城市	−0.169**
A17 旅游活动体验×国内其他省份	0.113
A17 旅游活动体验×国外	0.259**
A17 亲子及家庭服务×不愿意改变原来的冰雪旅游距离	−0.147*
A17 亲子及家庭服务×本省其他城市	−0.156**
A17 亲子及家庭服务×国内其他省份	0.130*
A17 亲子及家庭服务×国外	0.254**
A17 交通便利程度×不愿意改变原来的冰雪旅游距离	−0.153**
A17 交通便利程度×本省其他城市	−0.156**
A17 交通便利程度×国内其他省份	0.126*
A17 交通便利程度×国外	0.253**

续表

相关性	A10 您最远可以接受的冰雪旅游 距离——皮尔逊相关性
A17 雪场消费价格×不愿意改变原来的冰雪旅游距离	−0.173 **
A17 雪场消费价格×本省其他城市	−0.214 **
A17 雪场消费价格×国内其他省份	0.200 **
A17 雪场消费价格×国外	0.239 **

注：＊表示在 0.05 的水平上（双尾）相关性显著；＊＊表示在 0.01 的水平上（双尾）相关性显著。

以上结果表明，在选择冰雪旅游目的地时，消费者最看重的是滑雪场本身的运动服务条件（雪道条件、雪场设施及服务、周边住宿设施），其次为旅游辅助条件（周边娱乐设施、亲子及家庭服务、周边旅游景点）。此外，教练及培训服务因素也受到消费者的重视。消费价格及交通便利程度对冰雪旅游距离影响较小，这与冰雪旅游高消费性、重游性高及消费群体的特定性（高消费群体、冰雪"发烧友"等）有关。交通方面，目前交通体系的发达程度弱化了其对消费者冰雪旅游距离的影响。

表 2-4　冰雪旅游距离相关因子皮尔逊均值

影响因素	皮尔逊均值
雪道条件	0.3270
雪场设施及服务	0.2680
周边住宿设施	0.2405
周边娱乐设施	0.2345
教练及培训服务	0.2285
雪场消费价格	0.2195
亲子及家庭服务	0.1920
交通便利程度	0.1895
周边旅游景点	0.1875
旅游活动体验	0.1860
周边购物设施	0.1725

（2）消费者文旅产业体验供给与需求。在冰雪休闲活动方面，从 2014 年起，北京市公园管理中心已经连续举办了 6 届冰雪游园会，龙庆峡冰灯艺术节

已连续开办了 34 届，在 2020 年元旦至元宵节期间，北京市开展了冰雪赛事活动、长城冰雪旅游等 214 项"北京市民快乐冰雪季"系列活动；河北省的石家庄、保定等城市推出了冰雪旅游节，崇礼国际滑雪节从 2001 年至今已成功举办了 18 届，近年来除引入国际大型滑雪赛事 IP、举办各类国际级别滑雪赛事以外，在赛事期间还穿插举办冰雪音乐节、冰雪嘉年华、冰雕雪雕展、年货大集、"腊八"民俗文化节、庙会等 19 大类 52 小项年节、文化、曲艺及娱乐活动。

总体上，京津冀参与冰雪运动的人数正在快速增长，每到周末，北京、张家口的雪场几近饱和，然而从消费特点和产品供给来看，主要还体现在初级产品及市民休闲产品的消费与供应，深度文化旅游产品体验仍然非常有限。

由图 2-7 可知，对于温泉、SPA、足疗等，品尝特色美食，参观旅游景点，民俗文化体验，特色民宿体验，观看文化演出，跳伞、赛车、蹦极等极限运动，亲子休闲娱乐活动，CS 等团建活动，购物、KTV、观影等日常休闲娱乐活动这些文旅产品，京津冀冰雪旅游消费者参与过的比例很高，尤以特色民俗体验项目最为突出，表明以上几项文旅融合型的冰雪旅游产品普及度较高，也已经具备一定的市场基础。相对地，看冰灯、冰雕、雪雕、冰挂雾凇等，观看冰雪赛事，参与其他冰雪运动（如雪地足球、冰壶等），观看冰雪类演艺节目，参加亲子冰雪旅游项目，体验雪地射箭、雪上高尔夫等活动这些文旅产品的参与度都比较有限，而希望参与的比例均比较高，可见在北京（京津冀）区域这些类别的成熟的旅游产品较少。就总体数据来看，消费者目前参与的相关活动中，冰雪的特色并不是非常明显，可见文化产品与冰雪活动的融合度较为有限，消费者具有较高的消费意愿，但是市场供给不足，应当成为未来冰雪旅游文旅产品开发的重要方向。应根据消费者不同阶段的需求及文旅产品发展现状进行文旅产品的规划开发及优化，丰富消费者旅游体验，延伸消费空间。

（3）消费者冰雪运动水平对旅游活动空间的影响。通过对"消费者冰雪运动水平"与"可接受的冰雪旅游距离"做相关性分析，得到相关系数 R = 0.241（在 0.01 的水平上相关性显著），即二者存在显著的正相关性，表明消费者冰雪运动水平越高，越倾向于前往远距离的地方开展冰雪旅游，对空间距离敏感度低。冰雪运动水平越高，对滑雪条件要求就会相对提高；同时，专业爱好者更喜欢挑战新奇、未知的滑雪场地。因此，冰雪企业在冰雪旅游营销过程中，应该对消费者的冰雪运动水平进行调查统计，根据不同级别进行针对性的产品设计；尤其注重冰雪运动级别高的消费者的冰雪需求，因为他们对冰雪产品依附力强，且空间敏感性弱，对冰雪市场来说是稳定的消费群体。

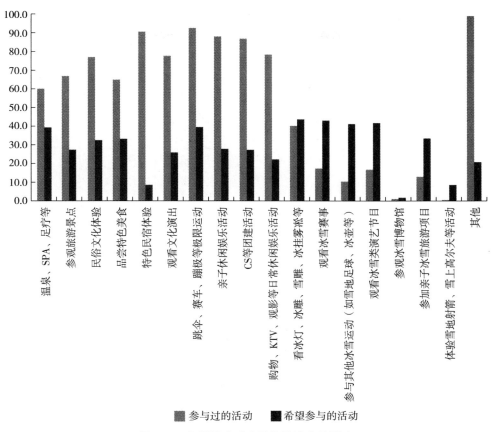

■ 参与过的活动　■ 希望参与的活动

图 2-7　文娱活动对冰雪旅游消费的影响

（二）基于在线数据分析的北京（京津冀）消费者满意度

为进一步了解北京（京津冀）消费者的冰雪旅游满意度，本书通过百度指数及抓取携程网相关评论数据，采用数据挖掘方法，对关键词的人群属性和区域空间、冰雪旅游的情感进行分析，以了解消费者的满意度及潜在的消费市场区域特征。

1. 北京（京津冀）冰雪文化旅游消费市场区域特征

消费市场以京津冀区域和南方一线城市为主。利用百度指数的"搜索指数"和"人群画像"功能，将搜索的时间范围设置为 2018 年 1 月 1 日至 2020 年 11 月26 日，得到两年多时间内各大滑雪场的搜索趋势和网民区域分布，如表 2-5 所示。

表 2-5　京津冀滑雪场网络关注人群地区分布①

省区	滑雪场	平均搜索指数	类别	排名									
				1	2	3	4	5	6	7	8	9	10
北京	南山	349	区域	华北	华东	华南	华中	西北	西南	东北			
			省份	北京	河北	广东	上海	新疆	天津	江苏	浙江	河南	山东
			城市	北京	上海	天津	廊坊	乌鲁木齐	深圳	广州	杭州	唐山	郑州
	军都山	242	区域	华北	华东	华南	华中	东北	西南	西北			
			省份	北京	河北	广东	上海	江苏	天津	浙江	山东	河南	湖北
			城市	北京	上海	廊坊	天津	深圳	广州	保定	杭州	唐山	石家庄
	莲花山	197	区域	华北	东北	华东	华南	华中	西南	西北			
			省份	北京	吉林	广东	河北	山东	浙江	江苏	上海	辽宁	天津
			城市	北京	长春	吉林	廊坊	深圳	青岛	广州	上海	杭州	四平
	万龙八易	152	区域	华北	华东	华南	华中	东北	西南	西北			
			省份	北京	河北	广东	上海	山东	江苏	浙江	天津	河南	辽宁
			城市	北京	上海	廊坊	天津	保定	深圳	张家口	广州	杭州	石家庄
	八达岭	94	区域	华北	华东	华南	华中	东北	西南	西北			
			省份	北京	河北	广东	江苏	山东	浙江	上海	天津	辽宁	河南
			城市	北京	廊坊	上海	天津	广州	深圳	保定	唐山	石家庄	杭州
	静之湖	94	区域	华北	华东	华南	华中	东北	西南	西北			
			省份	北京	河北	广东	江苏	浙江	山东	天津	上海	河南	辽宁
			城市	北京	廊坊	天津	保定	上海	深圳	唐山	广州	杭州	石家庄
	怀北国际	82	区域	华北	华东	华南	华中	西南	东北	西北			
			省份	北京	河北	广东	江苏	浙江	上海	天津	山东	河南	四川
			城市	北京	上海	廊坊	天津	深圳	广州	杭州	成都	唐山	苏州
	渔阳国际	60	区域	华北	华南	华东	西北	华中	西南	东北			
			省份	北京	河北	天津	山东	辽宁	广东	内蒙古	上海	江苏	河南
			城市	北京	天津	廊坊	乌鲁木齐	深圳	广州	郑州	东莞	上海	南宁
	云居	36	区域	华北	华东	华中	华南	东北	西南	西北			
			省份	北京	河北	天津	河南	广东	浙江	山东	上海	江苏	安徽
			城市	北京	保定	石家庄	天津	廊坊	唐山	沧州	平顶山	上海	深圳
	雪世界	33	区域	华北	华南	华东	华中	东北	西南	西北			
			省份	北京	广东	河北	江苏	浙江	辽宁	河南	上海	四川	福建
			城市	北京	广州	深圳	佛山	上海	廊坊	成都	苏州	大连	天津

---

① 云顶滑雪场缺少百度指数，因而数据中云顶滑雪场的数据缺失。

省区	滑雪场	平均搜索指数	类别	排名									
				1	2	3	4	5	6	7	8	9	10
河北	万龙	358	区域	华北	华东	华南	东北	华中	西南	西北			
			省份	北京	河北	上海	广东	山西	江苏	山东	天津	辽宁	浙江
			城市	北京	张家口	上海	天津	石家庄	唐山	邢台	深圳	太原	广州
	太舞滑雪小镇	240	区域	华北	华东	华南	华中	西南	东北	西北			
			省份	北京	河北	上海	广东	天津	江苏	浙江	湖北	山东	四川
			城市	北京	张家口	上海	天津	石家庄	唐山	深圳	杭州	广州	武汉
	长城岭	88	区域	华北	华东	华南	华中	西南	东北	西北			
			省份	北京	河北	广东	浙江	江苏	上海	天津	山东	河南	内蒙古
			城市	北京	张家口	石家庄	唐山	邢台	上海	天津	保定	深圳	杭州
	清凉山	42	区域	华北	西北	华东	华中	东北	华南	西南			
			省份	河北	陕西	北京	山西	河南	广东	江苏	山东	上海	辽宁
			城市	石家庄	西安	保定	邢台	北京	邯郸	衡水	沧州	唐山	太原
	秦皇古道	38	区域	华北	华东	华中	东北	华南	西南	西北			
			省份	河北	北京	山东	江苏	河南	广东	浙江	山西	辽宁	上海
			城市	石家庄	邢台	保定	北京	邯郸	唐山	秦皇岛	衡水	廊坊	沧州
天津	盘山	74	区域	华北	华东	东北	华中	华南	西南	西北			
			省份	天津	河北	北京	辽宁	山东	江苏	浙江	广东	河南	黑龙江
			城市	天津	北京	廊坊	唐山	沧州	石家庄	盘锦	邯郸	保定	大连

百度指数的关注人群地理分布数据显示：北京各大滑雪场的网络关注人群按照百度指数数值从大到小排序，所属区域分布依次为华北、华东、华南、华中，分布的主要省区为北京、河北、广东、江苏、上海、天津、浙江、山东，分布的城市依次为北京、上海、廊坊、天津、深圳、广州、保定；河北各大滑雪场的网络关注人群按照百度指数数值从大到小排序，所属区域分布依次为华北、华东、华中、华南、东北，分布的主要省区为北京、河北、上海、广东、山西、江苏、天津，分布的城市依次为北京、张家口、石家庄、上海、天津、唐山。能够在百度指数上搜索到的天津滑雪场只有盘山滑雪场，百度搜索指数关注人群主要是华北地区京津冀内的城市。

总体来看，①京津冀地区各大滑雪场的网络关注人群以区域划分，主要集中在华北地区，但就城市来看，上海、深圳、广州等一线城市也有较高的关注度；②从北京、河北、天津三个地区来看，北京地区滑雪场受到南方一线城市的关注度更高，河北地区滑雪场的关注度除上海外主要集中在京津冀区域；③京津冀滑雪旅游的市场区域扩散，体现出自一线城市向周边扩散的核心—边缘式扩散方式，在南方地区主要集中在少数高等级城市，总体市场范围仍然比较有限。

2. 北京（京津冀）冰雪文化旅游消费者满意度分析

消费者对设施服务关注度高，总体满意度较好。将各研究区经过预处理之后的数据文本进行整合，通过使用 ROST CM6 软件对总研究区的分词结果进行词频统计，并按值的大小进行排序，选取词频排名前 60 的词语进行分析，结果如表 2-6 所示，提取的特征词能够较好地反映北京滑雪场的整体特色。

表 2-6　北京滑雪场评论特征词分布

排名	特征词	词频	排名	特征词	词频	排名	特征词	词频
1	滑雪	1297	21	设施	308	41	尽兴	196
2	滑雪场	1145	22	下次	284	42	值得	194
3	雪道	1132	23	市区	266	43	整体	190
4	初学者	1109	24	总体	243	44	练习	188
5	教练	919	25	安全	236	45	管理	180
6	服务	863	26	周末	230	46	齐全	179
7	适合	831	27	人多	228	47	选择	175
8	方便	711	28	场地	227	48	距离	173
9	孩子	644	29	雪具	227	49	热情	168
10	门票	608	30	性价比	227	50	收费	167
11	开心	539	31	排队	224	51	各种	165
12	初级	510	32	滑道	222	52	冬天	163
13	便宜	488	33	交通	218	53	下午	162
14	环境	483	34	缆车	216	54	衣服	161
15	中级	464	35	项目	216	55	坡度	159
16	北京	436	36	态度	213	56	滑下来	159
17	高级	349	37	白天	213	57	小费	150
18	小时	328	38	朋友	212	58	专业	143
19	好玩	326	39	节假日	206	59	夜场	139
20	体验	321	40	刺激	196	60	建议	127

如图 2-8 所示，从高频特征词类型来看，滑雪场相关吸引物描述词的占比最高，这也在一定程度上反映了滑雪者对滑雪场设施的关注度，相关词频排名较高的特征词有"雪道""服务""门票""环境""设施"；旅游感受描述词的占比排名第二，主要特征词为"适合""开心""便宜""好玩"等，这说明滑雪场整体带给游客的感受是偏正向的。

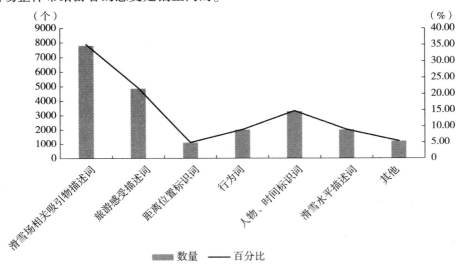

图 2-8　北京滑雪场评论高频特征词类型

图 2-9 是对北京几家滑雪场评论所做的情感分析结果，其中，游客满意度较高的是云居滑雪场、莲花山滑雪场、怀北国际滑雪场、万科石京龙滑雪场与军都山滑雪场，游客满意度低的是万龙八易滑雪场和蓝调庄园滑雪场。

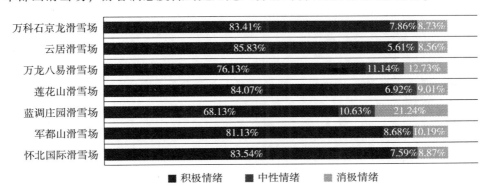

图 2-9　北京滑雪场游客评论情感特征

3. 北京（京津冀）冰雪旅游消费群体及市场关注度分析

北京（京津冀）冰雪旅游消费者以初学者和青年群体为主，对教练需求显著。在百度搜索指数中，两年搜索指数平均值在 100 以上的滑雪场有 5 个，分别为：北京的军都山滑雪场、莲花山滑雪场、万龙八易滑雪场，河北的太舞滑雪小镇、万龙滑雪场，它们的搜索趋势如图 2-10 所示。

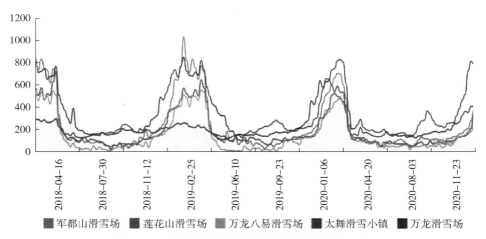

图 2-10　京津冀滑雪场百度指数关键词搜索趋势

这 5 个滑雪场的搜索趋势特征相似，都有明显的季节性，一般在 11 月至次年 3 月会出现明显的高峰值，这个时间段正是滑雪的旺季，人们对滑雪场的关注度也会大大提升。

在百度指数网页中，京津冀共有 10 个滑雪场可以搜索到对应网络关注人群的年龄数据分布结构。京津冀滑雪场网络关注人群主要分布在 20~29 岁以及 30~39 岁两个年龄段，19 岁及以下人群与 50 岁及以上人群都极少（见图 2-11）。这样的年龄结构特征与滑雪这项运动本身的性质有极大的关系，滑雪是一项难度偏大、危险系数较高的运动，它需要滑雪者掌握一定的技术水平或者有强健的体魄，所以一般很难吸引年龄较大的人参与。19 岁以下人群主要为中小学生，他们自身要以学习为主，以休闲娱乐为目的上网的机会不多，旅游信息的获取多数来自自己的家长或者老师，因此他们对滑雪场的关注度也不会太高。而 20~29 岁人群为青年人，主要是上班族和大学生，上班族平时工作压力较大，这使得他们在出游时会更倾向于选择缓解压力、身心释放的旅游项目；大学生的可自由支配时间最多，这个年龄段的人往往喜欢追求刺激新鲜的旅游项目。所以，在适宜滑雪的时间段内，这类人群对滑雪场的关注度一般是最高的。30～39岁以及40～49岁人群中，多数已经拥有一定的经济能力，且成立了家庭，他们的出游方式往往以家庭出游为主，冰雪旅游可以给家庭带来消遣、快乐和放松，既会受到儿童的喜爱，也适合家长参与。

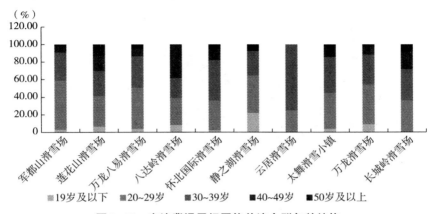

图2-11　京津冀滑雪场网络关注人群年龄结构

对于京津冀滑雪场的网络关注人群性别分布的统计结果如图2-12所示。在京津冀滑雪场的网络关注人群中，男性比例普遍偏高，三个区域有所不同的是：北京的军都山滑雪场、万龙八易滑雪场等几个滑雪场的男性关注人群明显高于女性关注人群，而河北的太舞滑雪小镇与万龙滑雪场的关注人群性别比例接近1∶1。但可以确定的是，在滑雪爱好者中，男性的数量要多于女性。

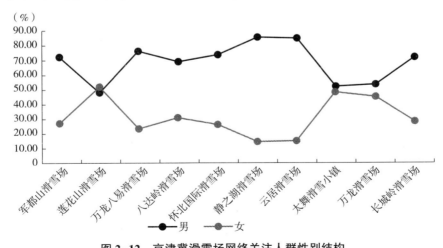

图2-12　京津冀滑雪场网络关注人群性别结构

对消费者评论文本进行社会网络和语义网络分析，结果如图 2-13 所示。从分析结果可以发现，在所有的评论当中，中心词汇是"滑雪"，与其共现关系最强的词有以下几个：描述滑雪水平的词"初学者"，描述人物关系的词"孩子""朋友"，描述旅游感受的词"方便""开心""适合"，由此我们可以推测出北京滑雪场的滑雪者主要是刚刚接触滑雪的人，且多数是亲子出游、和朋友出游，游客对滑雪的体验是偏积极的。

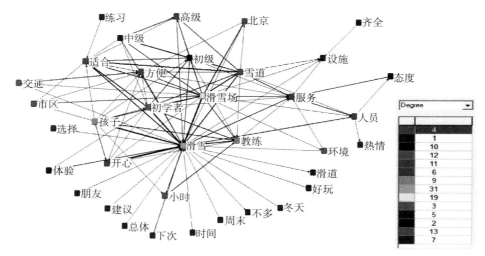

图 2-13　北京滑雪场评论社会网络和语义网络分析

第二个共现关系最多的词汇是"滑雪场"，与其共现程度较强的词有：描述雪道类型的词"初级""中级""高级"，滑雪场工作人员角色词"教练"，还有与滑雪场管理相关的词"服务""设施""环境"，从递进的共现关系中我们可以推测出，消费者在滑雪时最关注滑雪场的雪道类型、滑雪场环境以及滑雪场的服务水平。在其他的共现关系中，"周末""冬天"反映的是滑雪的时间段，"市区""交通"反映的是滑雪场的交通情况，"下次""好玩"等词汇说明滑雪场给游客带来了良好的旅游体验。

大多数评论数据中，"初学者"是评论数据中除滑雪、滑雪场、雪道外词频数量排名第四的特征词，这不仅显示出消费者的冰雪运动经验较少，也突出地体现了消费者滑雪技术对冰雪旅游的影响。作为以运动为基础的旅游形式，运动参与能力在一定程度上影响着旅游形式、游客粘性和重游率。由于大多数消费者以初学者为主，其接触的冰雪运动设施也以初级道、中级道为主，同时也对"教练"的需求较高，而"教练"也是排名第五的特征词，意味着消费群体对于培训指导的需求非常显著。

三、深入挖掘区域冰雪文化旅游发展潜力

（一）我国旅游发展对北京冰雪文化旅游的影响

1. 亚太旅游市场为我国发展冰雪旅游奠定了基础

亚太旅游市场发展迅速，中国是全球第三的入境旅游市场，主要消费者以近邻为主，为发展冰雪文化旅游奠定了重要基础。如图 2-14 所示，从全球旅游发展来看，亚太旅游市场在全球旅游市场中的重要性不断提升，国内旅游人次增速和稳定性排名第一。2019 年，亚太地区国内旅游人次为 76.08 亿人次，同比增长 5.2%。国内旅游收入增速趋势排名第一。2019 年，亚太地区国内旅游收入达到 1.6 万亿美元，增速达到 2.5%，国内旅游收入总量和增速均领先于其他四个地区[①]。总体来看，亚太地区旅游人次的优势极为明显，近年来收入也逐渐领先，但仍然有较大的潜力，伴随着亚洲各国经济水平的提升，在旅游人次的显著优势的基础上，旅游收入即旅游消费市场的潜力还将有较大的提升。

入境旅游市场方面，如图 2-15 所示，亚太地区入境旅游市场比重显著提升，欧洲入境旅游领先优势逐渐缩小。1995—2011 年，欧洲入境旅游收入占全球入境旅游收入的比例保持在 50% 左右，2012 年以后，这一比例与之前相比明显下降，至 2019 年，这一比例下降为 39%，而亚太地区入境旅游收入占全球入境旅游收入的比例上升至 30%，在全球旅游市场中的比重显著提升，显示出亚太地区在入境旅游吸引力方面的显著提升。

2. 我国国内和入境旅游市场为冰雪文化旅游提供重要基础

近年来我国旅游产业大幅度发展，2019 年，旅游经济继续保持高于 GDP 增速的较快增长；国内旅游市场稳步增长，入境旅游市场基础更加稳固。2019 年国内旅游人数 60.06 亿人次，比 2018 年同期增长 8.4%；全年实现旅游总收入 6.63 万亿元，同比增长 11%；旅游业对 GDP 的综合贡献为 10.94 万亿元，占 GDP 总量的 11.05%；旅游直接就业 2825 万人，旅游直接和间接就业 7987 万人，占全国就业总人口的 10.31%。

---

① 世界旅游城市联合会（WTCF）与中国社会科学院旅游研究中心联合发布. 世界旅游经济趋势报告（2020）［EB/OL］. 环球旅讯，https：//www.traveldaily.cn/article/135023，2020-12-25.

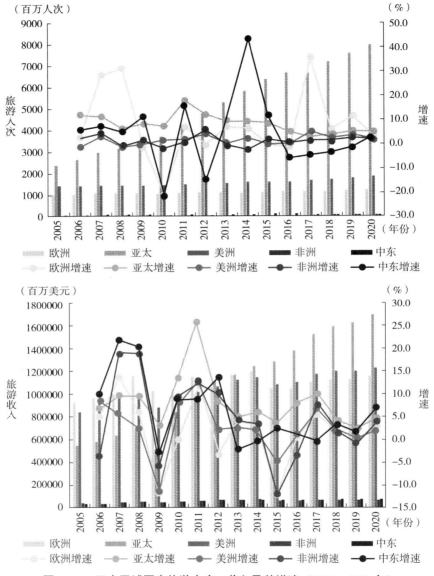

图 2-14　五大区域国内旅游人次、收入及其增速（2005—2020 年）

资料来源：《世界旅游经济趋势报告（2020）》。

从全球入境旅游市场来看，近十年来中国基本稳定在全球第三或者第四，入境旅游的客源日趋多元，市场结构逐步优化，从客源国构成比例来看，2019年前 20 位国家如下：缅甸、越南、韩国、俄罗斯、日本、美国、蒙古国、马来

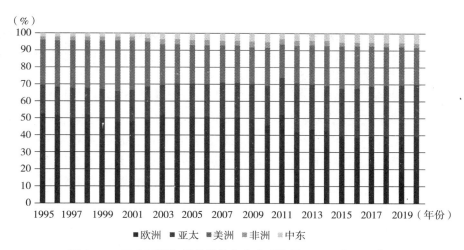

图 2-15　五大区域入境旅游收入占全球比重（1995—2020 年）

资料来源：《世界旅游经济趋势报告（2020）》。

西亚、菲律宾、新加坡、印度、泰国、加拿大、澳大利亚、印度尼西亚、德国、英国、朝鲜、法国、意大利，主体上还是以近邻为主，亚洲市场占入境人数的75.82%，美洲占 7.69%，欧洲占 13.19%，大洋洲占 1.90%，非洲占 1.40%（见图 2-16 右）。2019 年，全年入境旅游人数 1.45 亿人次，比 2018 年同期增长2.9%（见图 2-16 左），其中，外国人 3188 万人次，增长 4.4%；入境过夜旅游人数 6573 万人次，比 2018 年同期增长 4.5%，其中，外国人 2493 万人次，增长 5.5%。

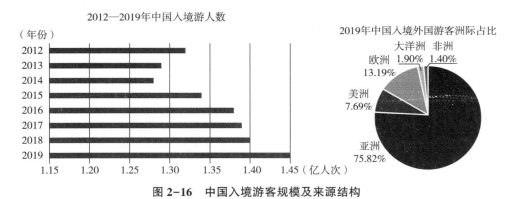

图 2-16　中国入境游客规模及来源结构

资料来源：《中国旅游统计年鉴》。

3. 我国不同区域冰雪文化旅游各具特色

我国冰雪旅游资源主要分布于东北地区、华北地区和西北地区，各区域受到地理环境条件、社会经济、设施设备等因素的影响，冰雪旅游发展特征、发展侧重点不尽相同，各具特色。

（1）东北地区。东北地区主要由我国辽宁、吉林、黑龙江三省构成，冰雪旅游发展依赖于区域的地理环境条件，属于典型的资源导向型旅游目的地①。东北地区纬度较高，高山少，多平缓山地，为寒温带、温带大陆性季风气候，冬季漫长，黑龙江北部一些地区冬季时长可延至 7~8 个月，主要以降雪为主，雪期较长。东北三省得天独厚的冰雪资源和气候，使其成为国内冰雪文化最深厚的区域，是国家级冰雪运动训练基地；具有万科松花湖、万达长白山、北大湖、亚布力等国际性滑雪度假村，是现阶段国内冰雪旅游等级最高的区域。优越的地理、地形、气候条件和丰富的冰雪资源为冰雪旅游的发展提供了前提和基础。依托悠久的冰雪发展历史，东北地区冰雪旅游业态丰富，观光体验类、体育运动类、休闲度假类、文化节庆类等产品体系成熟，冰雪旅游纵向发展程度较深。

（2）华北地区。华北地区主要冰雪旅游目的地为北京市和河北省。华北地区地势平坦，主要是温带大陆性季风气候，冬季寒冷干燥，雪期短，降雪量、雪质都不及东北地区和西北地区，因此以北京郊县及相邻的河北北部为代表的华北地区属于市场导向型冰雪旅游目的地②。在客源市场巨大、人工造雪技术强大及消费市场广阔的背景下，该地区依托举办冬奥会等国际赛事的优势，产品发展速度较快，同时北京市等场地投入开发建设也明显快于其他省份，含架空索道总数全国排名第一。华北地区由于产业发展较晚，主要冰雪旅游产品丰富度低于东北地区，在北京冬奥会举办的影响下，滑雪运动、体育赛事及冰雪节庆的举办频率明显增加，国际性体育与文旅融合旅游目的地建设是发展的主要方向。此外，在国家和地区政策的影响下，该地区冰雪运动及教育宣传优势突出，全民冰雪运动和青少年参与比例的增长都明显高于全国其他地区。

（3）西北地区。西北地区主要指我国陕西、甘肃、宁夏、青海、新疆北部区域和内蒙古西部地区，其中新疆是我国西北地区的主要冰雪旅游目的地。新疆远离内陆其他省区，拥有独特的地形地貌及气候条件，以天山山脉为界，划分为北疆和南疆，北疆属于中温带，南疆属于暖温带。冬季雪季较长，部分地区冬季可从 11 月至第二年 3 月，自然积雪资源丰富便于开发室外冰雪旅游项

①② 王玲. 国内外冰雪旅游开发与研究述评 [J]. 生态经济，2010（3）：66-69，127.

目；地形优势显著，山地、丘陵和平原提供了多变的地形优势①。但由于新疆地缘环境复杂，安全性存在不确定性，容易发生强风、雪崩等灾害。新疆冰雪旅游起步较晚，目前有 60 多座滑雪场，等级不比东北地区、华北地区，滑雪场资源主要分布于北疆的塔城、伊犁和阿勒泰等地区。冰雪旅游综合民族风情、丝路文化发展已成为新疆冰雪旅游的特色。新疆自然资源优势显著，民族特色明显，民俗文化源远流长，为冰雪旅游的开展提供了良好的资源依托，产品主要有观光游览、科学考察、康体疗养和民俗体验类，富有异域风情，与华北地区和东北地区相比，其民族文化特色明显突出。进入冬季，冰山雪峰、森林草原相互映衬，体验温泉疗养、特色民俗、丝路文化，赋予了新疆冰雪旅游独一无二的吸引力。

4. 新兴市场作用逐步显现，亚洲是我国入境冰雪文化旅游的主要市场

从全球范围来看，滑雪是冰雪旅游的核心产业，全球估计有 1.3 亿滑雪爱好者。在过去十年间，每年的滑雪人数稳定在 4 亿人次的水平上。从全球滑雪产业发展来看，由于西方国家人口增速缓慢甚至出现负增长，传统滑雪市场增长缓慢甚至有一定程度的衰退，亚洲市场成为增长潜力最大的地区，也将成为北京冰雪文化旅游的重要海外市场。

全球年访问次数超过 100 万人次的超级大雪场总共有 49 家，其中 84% 在阿尔卑斯地区。作为地球上最大的滑雪市场，阿尔卑斯山区的滑雪场占有全球43% 的滑雪人次数，这个地区的设施也是最齐备和先进的，拥有超过 1 万条索道。其中，奥地利和安道尔是外国滑雪游客占比最高的国家，奥地利有多达66% 的滑雪次数是由外国游客贡献的。瑞士由于货币汇率变动和滑雪设施老化等问题，增加了外国滑雪游客的成本，对外国入境滑雪游客造成了一定影响。法国虽然是世界第一大旅游入境国，但滑雪产业主要还是由国内消费者带动。意大利的滑雪游客也主要以国内游客为主。德国人非常享受出国滑雪的便利，是瑞士、奥地利和法国的最大国外滑雪游客来源。

北美地区，美国和加拿大都有较成熟的滑雪市场。美国是世界上最大的滑雪市场之一，雪场的数量和滑雪人次都在世界上领先，约有 6% 的滑雪者来自国外。尽管国内只有 3% 的人口属于滑雪爱好者，但其人口基数较大，为滑雪产业提供了稳定的消费市场。但就滑雪人次的总体规模来看，美国每年的滑雪人次数只有欧洲的 1/3，这也代表着美国滑雪市场仍然有很大的增长潜力。

---

① 张雪莹，张正勇，刘琳. 新疆冰雪旅游资源适宜性评价研究［J］. 地球信息科学学报，2018，20（11）：1604-1612.

澳大利亚的滑雪文化虽然也有较长历史，但对国际滑雪者的吸引力并不显著，仅有2%的滑雪人次来自海外，主要来自日本和韩国，大部分国际游客则更倾向于选择到新西兰滑雪。

伴随着经济发展，近年来东欧国家开始发展滑雪业，并吸引了越来越多的国际游客，如波兰、罗马尼亚以其便宜的价格和优越的降雪条件脱颖而出。作为世界上陆地面积最大的国家，俄罗斯拥有良好的滑雪产业必需的自然条件，但2012年才真正开始有了快速发展，特别是在2014年索契冬奥会后，索契一年成功吸引了超过70万滑雪人次，成为新兴的滑雪旅游胜地。

东亚地区，日本拥有较成熟的滑雪旅游市场，自20世纪80年代以来，滑雪被年轻人认为是最时尚的运动和社交方式，滑雪场遍布从北海道至九州的全境。但随着人口发展变化，近年来日本滑雪产业也开始受到影响。我国滑雪产业起步较晚，直到1996年亚洲冬季运动会在亚布力举办之后滑雪才作为一个产业在中国逐渐发展起来。在北京获得2022年冬奥会主办权之后，我国滑雪行业的发展愈加迅速，全国各地都开始兴建新雪场的项目，但大部分滑雪场的规模不大，达到西方滑雪度假区标准的滑雪场不多。我国滑雪产业正经历着不断发展升级的快速增长阶段。

从全球滑雪产业的发展来看，滑雪旅游市场仍然主要以本国市场及周边邻国为主，尽管也存在部分远程入境旅游，但比例较低，基本形成了西欧、北美洲、东欧、大洋洲及东亚几个主要的旅游区域。由世界冰雪出境旅游的客源国与入境国的关系来看，除了入境国良好的冰雪运动及旅游环境，适宜跨国长距离、长时长旅游的度假旅游吸引物及服务设施配套以外，距离因素仍然在很大程度上影响着跨国冰雪旅游的选择。北美洲游客的冰雪出境游主要目的地集中在加拿大，而欧洲地区尽管国家选择度高，仍然表现出近距离出游的特征。这意味着未来我国跨国冰雪旅游的市场范围将较大程度以东南亚中短程市场为主，亚洲区域将是我国冰雪旅游的主要入境市场腹地。

（二）北京旅游发展为冰雪与文旅产业融合提供机遇

1. 北京作为世界一流旅游城市，具有良好的国际吸引力

北京是世界一流旅游城市，旅游者公认的中国首要入境旅游目的地城市。世界旅游城市联合会正式发布了《世界旅游城市发展报告》，公布了2019年世界旅游城市发展排行榜综合排行和6个单项排行前20名城市。综合排行前10名分别为纽约、东京、伦敦、巴黎、北京、迪拜、香港、首尔、上海、巴塞罗

那。2019年猫途鹰（TripAdvisor）"旅行者之选"中国最佳目的地榜单排名前10分别为香港、北京、上海、成都、深圳、西安、澳门、苏州、广州、长沙，北京延续了多年中国大陆最佳目的地的首选城市。中国旅游研究院和谷歌最近联合发布的《2019中国入境游游客行为与态度分析报告》（以下简称《报告》）也显示，2019年北京依旧是入境游客第一认知中国城市中的首位城市，占比达到40%；上海仅次于北京，占25%；而广州仅占4%。

北京作为全国的政治中心、文化中心、国际交往中心和科技创新中心，"十三五"期间旅游总收入从4000亿元突破至6000亿元，旅游业的发展明显拉动了北京市的经济消费与投资。作为世界一流旅游城市、中国首要入境旅游目的地城市，北京近几年盛事不断，如2008年的夏季奥运会、APEC会议、抗战胜利70周年阅兵仪式以及2022年冬奥会申办成功等，这些都使得北京具有良好的入境旅游吸引力。除此之外，我国和平友好的外交政策，与许多国家建立了良好的外交关系，北京良好的城市形象也在国际旅游大环境中更为突出。

北京旅游业的发展为冰雪旅游提供了良好的支撑。北京市本身山地面积较大，多山的地形条件也推动了冰雪旅游的发展。自北京市成功申办2022年冬奥会以来，北京冰雪旅游的发展又有了冬奥会的加持，北京市政府及时制定了发展冰雪运动的意见及相关配套文件，并成立了冬季运动管理中心、滑雪协会、冰壶协会。目前，北京市已经积聚了专业的滑雪、滑冰场地，为北京市冰雪旅游的发展提供了良好的基础。据不完全统计，北京目前已经有26处专业的滑雪场以及19处室内滑冰场，位居国内前列。另外，北京市丰富的旅游资源发挥的辅助作用，为北京市冰雪旅游产业的发展提供了良好的资源基础。随着居民可支配收入的增加，观赏和参与冰雪活动也已经成为居民消费的新热点，北京市居民的健康、休闲娱乐消费需求旺盛，冰雪旅游受到越来越多人的欢迎，北京市冰雪旅游的消费潜力巨大。

2. 文化旅游资源为冰雪产业发展提供基础

北京有着三千多年的建城史，八百多年的建都史，是中国古代都城最后的结晶，汇聚了源远流长的文化传统与光辉灿烂的文化遗产，仅世界文化遗产就有长城等7处，全国重点文物保护单位172处，历史文化街区43片（胡同与四合院），地下文物埋藏区56处，面向公众开放的博物馆155个，传统手工艺14处，百年老店87家。层次丰富的文化资源体系中，物质性文化遗产与非物质文化遗产交相辉映，形成了极强的世界级的文化性目的地。此外，北京作为我国政治、经济、科技、文化的中心，集聚了大量的科技文化人才，拥有活跃的政治文化环境，也为现代文化目的地的打造提供了基础。

京津冀区域是中国经济最发达的城市群之一，旅游资源类型丰富，特色突出，高质量旅游资源数量众多、分布广泛。依据《旅游资源分类、调查与评价》（GB/T 18972—2017）对京津冀区域的高质量旅游资源单体进行分类，共包括 8 个主类、23 个亚类、110 个基本类型，由此形成了 1536 个资源单体，包括世界遗产地 10 处、A 级景区 653 处、各级自然保护区 72 处、国家森林公园 40 处、国家湿地公园 26 处、国家级风景名胜区 13 处、全国重点文物保护单位 433 处、国家历史文化名城 7 处、全国特色景观旅游名镇名村 48 处、中国传统村落 150 处、红色经典旅游区 45 处、特色小镇 24 处及国家地质公园 17 处。就高等级景区的空间分布来看，区域内景区分布集中度高，北京市和天津市的高等级景区数量超过京津冀城市群总数的 50%，呈现出以北京和天津为核心的分布格局，但是石家庄、保定、唐山和承德的分布核心也在初步形成。

面对消费者日益丰富的旅游需求，文化旅游融合发展是当前旅游发展的主要方向。首都厚重的文化积淀与京津冀多元的旅游资源，均为区域冰雪旅游文化、旅游产品建设提供了巨大的优势。建于 2011 年的嘉峪关悬壁长城四季滑雪场以"冰雪文化"为主题，将长城文化与体育文化作为产业发展背景，成为了一个集雪地娱乐、房车野营度假、青少年冰雪运动项目教学等户外运动、休闲、娱乐为一体的综合性文化旅游园区。该滑雪场既突出了体育功能，又在保护长城遗址时展现出深厚的文化底蕴。2019 年末，北京市文化和旅游局推出了 15 条不同主题的冬季特色旅游线以及 15 条北京冬季自驾线路，充分整合了北京优势冰雪文化旅游资源，深挖冰雪旅游文化，加速文化和旅游、体育和旅游融合脚步，获得了较好的市场反响，弥补了北方冬季市场旅游产品的不足，也更进一步增强了京津冀冰雪旅游的独特性。

3. 长城文化带建设为打造北京及京津冀特色冰雪旅游产业提供支撑

长城作为中国重要的世界文化遗产，成为国际游客了解中国历史、中国文化、中华民族的一个最好的切入点。国内外调查和大数据显示，长城是最受国际游客欢迎的中国旅游景点，也是北京旅游景点中最受关注的热门景区。在中国入境游目的地热度分布方面，《2017 年全球职场人中国入境游报告》的相关数据显示，最受海外入境游客欢迎的十大旅游景点及相关目的地分别是长城（北京）、紫禁城（北京）、兵马俑（西安）、丝绸之路（西安）、天安门广场（北京）、黄山（黄山）、颐和园（北京）、九寨沟（成都）、泰山（济南）、丽江（昆明）。《北京旅游国际大数据分析报告》①显示，北京旅游景点热词云中排在前三位的分别是"北京""Great Wall""Capital"，此外"故宫""天安门""天坛""颐和园""Olympic park"等词频频被海外网民提及，可见海外网友对北京传统的历史名胜古迹以及北京奥运设施类的旅游资源更感兴趣。而其中长城作为最具代表性的景点，在北京的国际形象打造方面起到了不可替代的作用。

4. 温泉旅游资源是冰雪产业文旅融合的重要资源基础

《中国冰雪旅游消费大数据报告（2019）》显示，前往冰雪目的地泡温泉，感受冰火带来的双重刺激，正成为游客近年来消费的热点。以携程平台上"亚布力滑雪旅游度假区+亚布力森林温泉一日游"套餐产品为例，出行人数超千人，价格在400~500元。利用好温泉旅游资源，进一步推进冰雪资源与温泉旅游资源的深度融合发展，对提升首都及京津冀区域冰雪旅游具有良好的意义。

（三）京津冀冰雪旅游市场需求潜力分析

尽管在我国历史记载中早有承载着中华特色文化的冰雪运动形式，但受自然条件和国家政策的影响，我国现代冰雪运动的大众化起步较晚。北京（京津冀）地区受自然条件限制，冰雪运动和旅游产业都仍处于初期阶段。冬奥会的成功申办推进了北京（京津冀）冰雪旅游的爆发性增长，然而未来仍然有较大的市场潜力。就冰雪旅游的产业特征来看，北京（京津冀）冰雪旅游的市场潜力应当重点考虑国内（包括出境）和短程入境两个市场。

1. 日本是引导我国出境冰雪旅游向国内转化的主要潜在市场

就东南亚冰雪旅游目的地发展来看，日本是发展最为成熟的入境目的地，同时也是我国冰雪旅游消费者出境游的首选目的地。日本位于太平洋板块和亚欧板块之间，属消亡边界，造山运动活跃，地表崎岖，起伏较大，地形主要以山地、丘陵为主，易形成天然滑雪滑道。此外，冬季盛行西北季风，来自大陆的寒冷干燥空气在经过日本海时，携带大量水汽，在日本岛由于地形抬升，凝结核较多形成降水，温度较低形成降雪，为滑雪场建设提供了良好的天然雪条件。日本自"二战"以后开始进入滑雪场开发的高速期，目前全国一共有600多处滑雪场，其中北海道130多处、东北地区150多处、关东地区约35处、北陆地区100多处、中部地区120多处。绝大部分滑雪场集中在日本的北部地区，但由于日本全境冬季降雪都比较丰富，因此冰雪旅游活动的开展区域相对更加

---

① 星云纵横，https：//www.sohu.com/a/112817639_439559。

广泛。从日本冰雪旅游的主要内容来看，"温泉+滑雪+冰雪节"是日本冰雪旅游的主要特色。日本地处板块交界处，活跃的地壳活动塑造了丰富的温泉资源，成为极受游客欢迎的代表性旅游产品，在冬季与滑雪产业的结合，形成了独具特色的冰雪旅游产品。另外，日本结合本地文化打造了丰富多样的冰雪节，从饮食、仪式到冰雪节庆活动，塑造了极具日本文化特色的冬季旅游体验。

（1）日本是我国首要冰雪旅游出境目的地。根据携程跟团游和自由行数据①，2016年以来，日本一直都是最受中国游客青睐的冰雪旅游目的地国家，以优越的地理环境和丰富的冰雪资源，人气遥遥领先。而其中最受欢迎的目的地即是冰雪旅游资源丰富的北海道。从我国消费者前往北海道开展冰雪旅游的数据来看，出发城市排名前10的分别是上海、北京、深圳、广州、成都、武汉、重庆、杭州、大连、西安，主要以南方人为主（见图2-17）。札幌、函馆、登别、洞爷湖、小樽、旭川、富良野等目的地最受中国游客喜爱。从年龄来看，"80后""70后"亲子家庭最喜欢北海道冰雪游，其中"80后"人群占比最高，为32%。

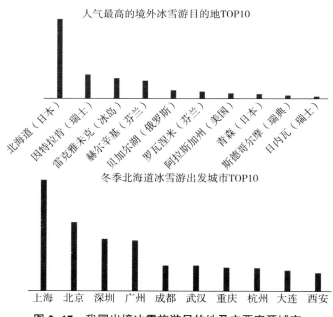

图2-17　我国出境冰雪旅游目的地及主要客源城市

资料来源：《中国冰雪旅游消费大数据报告（2019）》。

---

① 数据来源：《中国冰雪旅游消费大数据报告（2019）》。

总体来看，中国访日游客的规模不断增加，2019 年达到 857.6 万人，其中 20~39 岁的消费者占 72.9%（女性 46.2%，男性 26.7%）（见图 2-18）。就日本旅游观光调研数据显示[①]，大约有 23% 的游客在旅游目的中选择了冰雪旅游；尽管我国访日消费者夏季比重更高，但最受中国游客喜爱的日本冰雪旅游地北海道，一年中 11 月至来年 5 月都拥有良好的降雪资源，以这 7 个月计算，访日游客量达到 511.3 万人（见图 2-19），按照游客选择冰雪旅游的平均比重计算，每年即大约有 118 万的中国游客前往日本开展冰雪旅游。其中，女性消费者的比重要显著高于男性消费者，且主要是 20~30 岁的年轻客群。

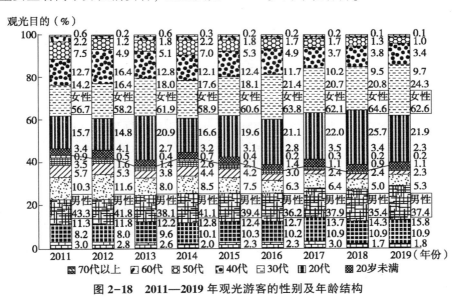

图 2-18　2011—2019 年观光游客的性别及年龄结构

日本成为我国冰雪旅游消费的主要目的地的原因，一是日本良好的冰雪旅游设施和服务，二是较近的交通距离和较适合的消费价格。相对于传统的观光旅游，冰雪旅游中有相当大比例的消费者会参与滑雪运动，参与滑雪运动一方面需要在装备等方面有一定的支出，另一方面它是一项体育运动，参与者中运动爱好者的比例较高，重游率较高，这一特性决定了冰雪旅游的空间距离会受到一定的限制，与前往欧美地区相比，前往日本在消费与距离方面都具有较强的优势，因而更受到我国消费者的青睐。随着我国国内冰雪旅游综合设施、环境的全面提升，在滑雪设施能够满足爱好者需求的条件下，这部分出境游客将

---

① 数据来源：2020 年 JNTO 旅游统计数据。

有较大的潜力转化为国内游客。

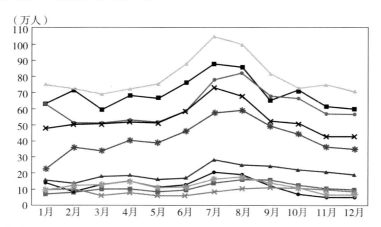

单位：人

	1月	2月	3月	4月	5月	6月	7月	8月	9月	10月	11月	12月
2019年	754421	723617	691279	726132	756365	880651	1050420	1000639	819054	730631	750951	710234
2018年	632304	716333	594920	683377	668600	760949	879097	860121	652740	715255	617252	599086
2017年	630570	509090	508979	528781	517038	587193	780771	819855	678313	663815	567149	564264
2016年	475115	498903	498053	514866	507095	582452	731386	676966	522302	506162	432802	427462
2015年	226214	359080	338121	405731	387170	462248	576868	591510	491201	445562	362950	347034
2014年	155605	138236	184064	190558	165784	173046	281309	253802	246105	223214	207462	189973
2013年	72301	80903	102265	100160	81571	98996	139905	162288	156201	121335	101940	96572
2012年	136665	81966	129302	148793	112152	125983	204270	190254	121673	69713	51993	52336
2011年	99131	105362	62450	76164	58608	61419	86963	102640	112493	106174	92154	79688
2010年	92120	121494	123314	150788	112558	103706	164944	171503	137333	106237	68385	60493

图 2-19　2019 年 1—12 月访日中国游客数量

资料来源：2020 年日本 JNTO 旅游统计数据。

（2）日本冰雪旅游业有下滑趋势，为我国扩大冰雪旅游消费市场带来机遇。日本每年大约有 500 万的入境冰雪旅游人口，其中除了来自中国外，游客规模较大的主要来自美国、泰国、澳大利亚、菲律宾等（见表 2-7）。

表 2-7　2019 年全球及主要国家访日及冰雪旅游游客情况

国家或地区	访日游客数量（万人）	冰雪旅游目的占比（%）	11 月至来年 5 月游客量（万人）
全球	2825.7	26.9	1872.1
中国	857.6	23.0	511.3
中国台湾	467.2	33.0	276.0
中国香港	223.7	30.0	133.8

续表

国家或地区	访日游客数量（万人）	冰雪旅游目的占比（%）	11月至来年5月游客量（万人）
菲律宾	52.3	45.7	39.5
越南	17.4	39.7	29.0
泰国	124.6	29.1	92.6
马来西亚	45.9	33.0	35.0
新加坡	45.0	38.1	33.2
印度尼西亚	33.9	45.7	26.3
印度	7.6	32.0	10.4
澳大利亚	57.1	48.5	41.1
加拿大	33.9	38.8	22.7
美国	142.9	40.3	99.3
俄罗斯	8.9	33.5	6.9
德国	16.8	30.4	13.6
法国	27.1	41.0	18.6
英国	34.3	47.5	22.5
意大利	13.3	45.6	8.7
西班牙	11.4	44.5	5.9

资料来源：2020年JNTO访日旅游统计数据。

尽管国外消费者对日本冰雪旅游具有一定的贡献，但其国内游客仍然是日本冰雪旅游的主体力量，20世纪90年代后半期以后，由于日本人口负增长，年轻人口比例下降，对滑雪市场造成了较大的冲击。日本滑雪产业的投资呈急剧减少的态势，滑雪场的索道设施建设也呈现明显的下滑趋势。投资的急剧减少影响了滑雪旅游产业的整体发展，滑雪产业设施开始出现陈旧化。从业人员的裁员、追求高效率等直接或间接地带来服务水平的下降、廉价竞争等问题，均对日本冰雪旅游特别是滑雪产业造成了一定的影响。我国滑雪行业近年来进入快速增长阶段，尤其是北京—张家口地区在东奥会建设的推动下，基础设施和服务配套方面在国内外都将拥有非常明显的优势，吸引亚洲地区海外消费者的能力也将显著提升。因而除了我国120万人的出境冰雪消费者外，至少还有380万人的海外冰雪消费者市场的开发潜力。

2. 冬季旅游市场，仍有较大潜力

受季节因素的影响，北方地区冬季旅游产品较少，旅游市场相对比较萧条，特别是大部分户外景点的可游性比较差。从北京市分季度和月份的游客总规模及旅游消费指标来看，第一季度是一年中的最低点；就入境旅游来看，每年1—2月是入境规模最小的时段（见图2-20）。对于冰雪旅游而言，1—2月正是一年中出游最旺盛的时期，与其他旅游产品形成了良好的季节互补。从2019年旅游统计数据来看，北京市冬季（第一季度）较春季（第二季度）有接近3000万人次的国内旅游消费者规模的差异和420亿元的国内旅游收入差值，具有较大的发展潜力。

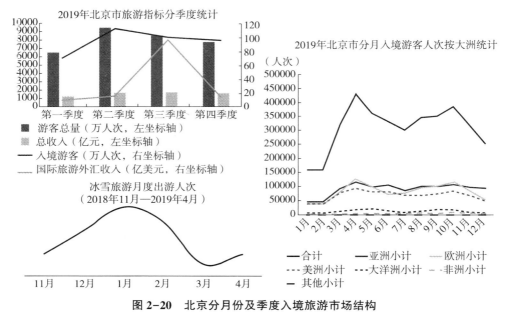

图2-20 北京分月份及季度入境旅游市场结构

资料来源：《中国冰雪旅游消费大数据报告（2019）》，2019年北京文旅局旅游统计数据。

3. 青少年是冰雪旅游的主要潜力市场

大数据平台预定信息显示，超过50%的冰雪游客是"80后""90后"，"80后"和"90后"在冰雪旅游的游客群体中各占26%，是冰雪旅游的主力军。休闲冰雪游的兴起使各个年龄段都能够参与到冰雪旅游中来，其中"70后"占比达到了16%，"60后"占比为14%。跟团游和自由行数据显示，选择和同事、朋友共同前往冰雪目的地的占比最高，达到了27%，冰雪旅游成为社交的重要手段和方式；其次是带着孩子前往冰雪目的地，占比也达到了25%，带父母去的比例达到了 8%，家庭亲子旅游占的比例总计达到 33%（见图 2-21）。

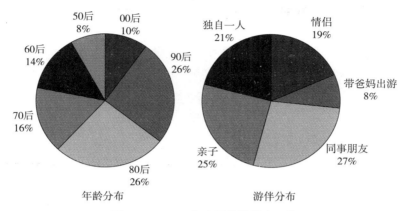

图 2-21　2020 年冰雪旅游游客画像

资料来源：《中国冰雪旅游消费大数据报告（2020）》。

从当前冰雪旅游的数据来看，"00 后"的比重还相对较低，消费群体以 30 岁以上为主，这与发达国家消费者年轻化的特征存在一定差异。从百度指数的网络关注度来看，20—29 岁群体对冰雪旅游的关注度很高，显示出强烈的潜在消费倾向，伴随着年龄、消费技能及经济收入的增长，这部分消费者将快速进入到消费市场中。目前，我国 20—29 岁的人口大约有 2.28 亿，按照 2% 的人口参与度计算，未来至少还应有 456 万人的潜在消费市场。

20 岁以下的青少年群体，尽管短期内还不能够独立进入冰雪旅游消费市场，但是在我国全面推进青少年冰雪运动及学校教育推进的基础上，相对于当前的主体消费者，他们未来将拥有更加成熟的冰雪旅游消费技术，同时由于接触冰雪运动较早，他们也将更早地进入冰雪旅游市场，极大推动冰雪旅游消费结构中运动爱好者比例的提升，从而大幅度提升冰雪旅游的重游度和深度水平。目前，我国 5—19 岁群体总人口约 2.5 亿，按照 2% 的人口参与度计算，将有 500 万的潜在市场，如果参与度达到 6%，则市场规模可进一步达到 1500 万。

4. 冰雪旅游总体市场潜力分析

总体来看，未来北京（京津冀）冰雪旅游的市场需求潜力应重点关注以下几个方面：①原出境冰雪旅游消费市场、海外赴亚洲冰雪旅游消费市场；②日益增长的国内旅游市场，特别是目前仍具有较大潜力的北方冬季旅游市场；③以青少年群体为重点的潜在冰雪运动爱好者消费市场。

四、积极学习国际先进经验

冰雪体育运动的兴起促使冰雪旅游产业快速发展，成为旅游业的重要组成部分。全球冰雪旅游发展主要集中于欧洲、北美地区、东亚及太平洋三大区域，同时它们也是全球旅游业最为发达的地区①。其中，欧美地区冰雪旅游起步较早，发展历史悠久，至今仍占据着世界冰雪旅游的霸主地位；日本、韩国等东亚地区依托冬季赛事的举办，冰雪旅游产业迅速成长。在冰雪旅游产业发展历程中，既有成功实践，又不乏失败经历，这些经验对于发展初期、参与国际市场竞争较晚且经验匮乏的中国冰雪旅游业有着重要的借鉴意义。进入 21 世纪以来，我国经济发展快中求稳，综合国力稳步提升，注重人民美好生活需求的实现，具有休闲娱乐特点的冰雪旅游产业兴起发展，具备较大的规模并向好发展。但从国际视角出发，我国的冰雪旅游业与欧美等地区相比仍存在较大差距，有诸多方面的不足。为此，通过了解世界其他地区冰雪旅游的发展历程，分析其发展经验，从而抓住冬奥会机遇，使北京等地区乃至全国冰雪旅游发展程度进一步加深。

（一）国际冰雪旅游地的发展特点

1. 欧洲冰雪旅游发展特征

（1）冰雪旅游发达地区具备丰富的自然资源和优越的地理条件。欧洲冰雪旅游发展的主要地域分布于北欧和阿尔卑斯山脉等地区。此部分地区多数属于温带海洋性气候以及大陆性气候，冬季温暖湿润，开展冰雪旅游活动的气候舒适度较好，开展冰雪旅游的自然气候条件优越。坐落于欧洲中南部的阿尔卑斯山脉，是欧洲最大的山脉，平均海拔约达 3000 米，覆盖了意大利北部、法国东南部、瑞士、奥地利、德国南部等地区②，山体高大起伏，为滑雪场的建设提供了天然的地理条件。阿尔卑斯山地区历来是欧洲乃至全球主要的滑雪旅游目的地。

（2）冰雪体育健身旅游硬件设施建设规模大、质量高。在欧洲，冰雪旅游的主要经济效益来自滑雪等体育运动，因此欧洲滑雪场建设规模大，质量和档次均较高，而且安全系数较高。例如，世界著名的法国拉普拉涅滑雪圣地是由 6 个高海拔滑雪场和 4 个乡村风格滑雪场组成的，并且与佩赛—瓦郎得利（PEISEY-

---

① 王玲. 国内外冰雪旅游开发与研究述评 [J]. 生态经济，2010（3）：66-69，127.

② https：//baike. so. com/doc/13228593-13768920. html.

VALLANDRY）、雷萨克（LES ARCS）共同构成"滑雪天堂"（PARADISKI）品牌。滑雪面积达 10000 公顷，针对不同水平滑雪者的需求，这里设有不同的滑雪练习区（有 10 条黑道、34 条红道、79 条蓝道和 11 条绿道），还有 105 条索道缆车每小时可将 7 万人送到山顶，法国唯一对外开放的奥林匹克长橇赛道和为夜场设计的接待国际大赛的障碍赛滑雪场也坐落于此[①]。

冰雪旅游产业作为瑞士支柱性产业之一——旅游业的重要组成部分，对滑雪场地设施要求非常严格。滑雪场分为初学者场地、高山速降滑道、远距离滑雪道和雪橇滑道。瑞士拥有 730 千米的高山滑雪道，500 千米远距离滑雪道，还拥有欧洲最长的冬季徒步登山道，总长达 250 千米，游人可徒步攀登海拔 300 多米的山峰，而且每条滑雪道都有缆车和牵引索道运送滑雪者。瑞士很早便十分重视滑雪者的安全问题，雪场北部瑞士救援部门随时派"巡视员"在现场监督、指导，直升机救护队 24 小时待命，一旦发生雪崩或安全事故，直升机可以马上投入救援[②]。

（3）冰雪旅游发展成熟，历史文化底蕴深厚。欧洲冰雪旅游已处于成熟期，冰雪旅游产品形成一条完整的链条和一整套体系，包含吃、住、行、游、购、娱六要素。以法国的拉普拉涅滑雪场住宿设施为例，包括度假村、俱乐部、公寓式酒店、出租公寓、民宿、青年旅社、木屋、旅行房车等不同类型，满足旅游者的多样化需求。在冰雪旅游活动中最重要的是冰雪运动多样，不局限于人们认识中的滑雪运动，更多的包括雪地远足、雪橇运动、雪地自行车、雪地马拉松和雪地赛马等，此外还有冰球、冰壶等冰上运动。欧洲对冰雪旅游管理和运营十分重视，具有相对完善的规则体系，欧洲各国都有滑雪协会，滑雪场主要由滑雪协会管理。冰雪旅游定价灵活，总体较为低廉。以瑞士为例，不同滑雪场的收费各不相同，并且收费在年龄、停留时间方面也不尽相同。

多数人认为欧洲地区是冰雪旅游发源地区，拥有悠久的冰雪旅游发展历史和记录。地区不同的自然、人文环境与冰雪结合形成了独特的冰雪文化，如芬兰的冰雪城堡建筑、挪威特有的"奥斯陆滑雪节"以及被称为瑞典第二个国庆日的瓦萨国际滑雪节。冰雪文化的渗透，使冰雪旅游成为人们的重要生活内容，成为人们冬季最普遍的户外活动，如瑞士和奥地利毗邻阿尔卑斯山脉的居民平

---

① https：//www. sohu. com/a/289222798_809144.

② 盖洋，胡艳丽，吕振昆，王磊. 我国北方与瑞士冰雪体育旅游的比较浅析 ［A］//国家体育总局，中国体育科学学会，第十一届全国冬运会组委会. 第十一届全国冬季运动会科学大会论文集 ［C］. 中国体育科学学会，2008：4.

均有半数以上在冬季参加滑雪运动，每到滑雪季节都会举办滑雪比赛。

欧洲冰雪旅游起步较早，其优美的自然风光和先进的滑雪设施，吸引了世界各地的旅游者，客源市场分布较为广泛。

2. 北美地区冰雪旅游发展特征

北美地区最主要的冰雪旅游发展地区位于美国和加拿大，其中美国西部的科迪勒拉山系主脉是滑雪场较为集中的区域。加拿大共有281个雪场，主要集中在西海岸的卑诗省以及东南的安大略和魁北克①。北美地区冰雪旅游发展较早，发展轨迹与欧洲地区大致相同，以自然资源开拓为起点，逐渐出现少量旅游者参与其中，随着知名度进一步扩大，旅游服务、旅游接待等增多，逐步形成了冰雪旅游目的地。至今，北美地区冰雪旅游规模巨大，成为国际冰雪旅游休闲度假胜地，比肩欧洲地区发展。在其发展过程中，以下两点特征比较突出：

（1）冰雪运动在全国范围内普及程度高，专业化程度高，冰雪旅游大众化。北美地区同欧洲地区相同，冰雪旅游起步较早，冰雪历史文化悠久，举办赛事众多，大众参与冰雪运动广泛。加拿大于1988年、2010年两次举办冬奥会；美国中西部科罗拉多州的阿斯本滑雪圣地，每年都举办冬季极限运动会。除了专业比赛，北美地区国家致力于冰雪运动的大众化，为其添加休闲娱乐的性质，进一步促进冰雪旅游产业的发展。美国冰雪旅游是旅游业的重要组成部分，冬季旅游业产生的经济效益巨大。冰球是加拿大的国球，几乎人人都已经掌握，在很多学校或社区的操场上都具备较为专业的冰球场，并且基本每个城市都有冰球俱乐部，群众基础较好②。在温哥华，几乎每个家庭都至少有一套冰球服装、护具和球杆。相较于冰球而言，其他冰雪运动加拿大参与人口占比较低，但人数依旧可观。

（2）冰雪运动教育普及性较高，冰雪运动参与年轻化。源于北美悠久的历史文化以及现今冰雪体育赛事的兴起，各国对于冰雪产业的发展都愈加重视，在青少年教育中将冰雪元素融于学科教学，如冰雪相关绘画、词汇、文章书写、数学等；开展多类型的校园冰雪活动，如加拿大的魁北克省、美国科罗拉州等的一些学校在冬季会举办诸如校园冰雪文化节、校园冰雪运动周、校园冰雪运动比赛，具体如雪地拔河、雪地足球等专门针对冰雪体育运动的文化活动或者

---

① 邢晓燕，Eric MacIntosh，刘平江，闫昕. 加拿大青少年冰雪运动发展特征及启示 [J]. 体育成人教育学刊，2019，35（6）：45-49.

② 宋嘉林，阚军常，刘石. 中、加两国大众冰雪运动发展的比较研究 [J]. 冰雪运动，2010，32（5）：1-5.

体育竞赛。冰雪运动教职人员的培养体系完善，除了校园内冰雪运动教学之外，由热爱冰雪运动的大学生、跨国冰雪运动交换留学生以及社会在职的冰雪运动爱好者组成的广大志愿者团队①，对于青少年冰雪知识普及、冰雪运动系统学习具有重要意义。冰雪教育的年轻化，使冰雪运动参与人群年轻化。加拿大冰雪运动的年轻力量尤为突出，青少年是各类冰球俱乐部、联赛体系中的参与主体。加拿大冰球协会 2017 年报显示，21 岁及以下青少年注册运动员人数占各种俱乐部和联赛在冰球协会运动员（会员）总人数的 80%。在美国，学生放假期间，各种暑期活动组织会找到学校，邀请学生参与假期活动，有专门的冰雪旅游组织让更多青少年接触并了解冰雪项目，在旅行中培养其对冰雪运动的兴趣，同时能够使其了解更多冰雪文化和历史②。

3. 东亚地区冰雪旅游发展特征

东亚地区以邻近中国的主要冰雪旅游目的地日本、韩国为例。

（1）在一定自然资源基础下，人工技术助推冰雪旅游发展。日本比较知名的冰雪旅游目的地主要在北海道地区，地理位置原因，北海道每年降雪量多，适合滑雪，冬季温度适中、风力不大，是冰雪旅游的旺盛期。日本因为其良好的经济条件和资源条件，在发展冰雪旅游方面具有得天独厚的优势。如北海道地区的二世古滑雪场，受海洋性季风气候影响，其雪质非常好，质地轻柔松散，并且在海拔较高的区域内，滑雪活动可持续至次年 4 月份③。韩国属于大陆性和海洋性过渡气候，由于冰雪旅游目的地建设选址必须具备一定的自然条件基础，所以韩国一半以上的滑雪场设在位居北方的江原道。大型滑雪场主要分布于京畿道和江原道。例如，阿尔卑斯度假村是韩国建造的仿欧洲式度假村，内部建有欧洲阿尔卑斯式的建筑，在韩国滑雪场中冬季时间最长、积雪量最多并且雪质较好，享誉东南亚。但韩国冬季降雪确实不丰，所有的滑雪场都必须依靠造雪机进行弥补④。

（2）借鉴欧美发展模式，融合自身特色。通过借鉴欧美发展经验，日本、韩国结合自身条件，开拓特色发展路径。日本拥有 600 多座高端滑雪场，冰雪旅游配套设施完善，旅游服务全面到位，形成围绕景观、运动、温泉的产品体系。其中，北海道地区的二世古滑雪场涵盖高级、中级、初级的雪道数量超过

---

① 崔洪亮. 欧美青少年冰雪运动发展特征及启发［J］. 冰雪运动，2020，42（2）：53-56.
② 孔垂玥. 中美冰雪运动历史、现状及发展对比研究［J］. 运动，2017（22）：9，13.
③ 资料来源：https://www.maigoo.com/goomai/194036.html.
④ 资料来源：http://www.kchance.com/Text_details.asp? id=1051.

100 条, 滑行总长 80 千米, 可正面眺望有日本小富士山之称的"羊蹄山", 且温泉资源丰富, 拥有露天浴场。日本山形县的藏王滑雪场中的针叶林"雾凇"景观、日本最古老的藏王温泉, 对冰雪旅游者产生了较大的吸引力。

韩国滑雪场冰雪旅游硬件设施建设标准严格, 如韩国龙平度假村位于海拔 1458 米高的发旺山山脚, 是亚洲第二个世界级的滑雪场。该滑雪场是韩国雪道选择最多、缆车路线最长的滑雪目的地, 已成功举办了三届世界杯滑雪赛和亚洲冬季运动会等大型国际体育赛事, 也是 2018 年平昌冬季奥林匹克运动会高山滑雪项目的主赛场。龙平度假村共有 27 条滑雪道, 拥有亚洲最长的缆车路线, 年均积雪多达 250 厘米, 为亚洲之最。同时, 所有的雪场都提供夜间的滑雪服务, 旅游区内设置保龄球馆、超市、滑雪用品店、中餐厅、电动游戏室、迪斯科舞厅、室内游泳池等, 如川大明度假村, 滑雪道长且宽大, 拥有 1278 间客房, 周边有春川鸡排一条街、南怡岛、中岛、玉矿山、阳智村炭烤一条街等, 配套设施极为完善。

(3) 冰雪人才培养重视程度较高, 积极举办冰雪体育赛事。冰雪体育国际赛事的举办带来的经济效应明显, 在促进冰雪旅游迅速发展的同时, 也为当地经济提供了助力。东亚地区冰雪旅游发展起步较晚, 以中、日、韩为主, 正逐渐成为世界冰雪旅游阵营中的一股新生力量。通过竞先举办冰雪国际体育赛事, 打造冰雪旅游品牌, 扩大知名度, 并且注重人才培养。例如, 韩国龙平度假村设有滑雪学校, 拥有曾任韩国国家代表队选手的优秀讲师队伍, 设有滑雪博物馆。

(二) 典型冰雪旅游地的消费市场特征

1. 欧洲冰雪旅游消费市场的特征

体育学者 Glyptis 在调查分析欧洲的滑雪与旅游的联系后, 提出滑雪体育旅游者的五种"需求类型": 滑雪体育锻炼、"高端"滑雪度假、主题度假提供的滑雪活动、普通度假提供的滑雪活动和观看比赛。滑雪旅游者分类要强调两个关键: 滑雪旅游可以是积极主动的, 也可以是消极被动的 (观众); 滑雪可能是出游的首要动机, 也可能是其他主要动机的"附带性"活动。在五种需求和两个关键的基础上, "和滑雪相关的旅游活动"可被拆分为度假型和非度假型两种, 每一种又可被细分为主动的旅游行为和被动的旅游行为。

滑雪运动的主要参与者是相对较年轻的消费者, 集中在 15~55 岁, 几乎没有 55 岁以上参与者; 其中, 比较积极的游客大多是男性。社会经济因素对参与者具有重大影响。活动花费、能感知的危险和困难程度对参与者提出了多种限制，成为决策选择的关键。与其他旅游不同，除旅行和食宿费用外，滑雪旅游还需要支付设备费、服装费、坡道使用费、技术咨询费，所以滑雪度假消费昂贵。另外，对速度、险峻陡坡、担心意外受伤等可感知的风险，以及对技巧和身体素质的要求等限制因素，是有家庭和上年纪的人担心的问题①。

2. 美国冰雪旅游消费市场的特征

与欧洲的冰雪旅游相比，美国冰雪旅游的消费者主体是冰雪运动的爱好者。美国人热爱冰雪运动由来已久，冬奥会中很多正式项目起源于美国，如风靡全球的单板滑雪就是源于美国的冲浪运动，自由式滑雪、冰球等逐渐成为全民热衷的项目。同时，美国拥有设施上乘、运作成熟的冰雪运动基地，在全球十大滑雪胜地中，美国独占3个，这为普通民众参与冰雪运动创造了便利条件。根据美国冬季运动产业协会发布的冬季项目参与调查报告，美国参加冬季项目的人数达到1930万人。其中，参加高山滑雪运动的人数最多，达到820万人，其次是单板滑雪参与者740万人，自由式滑雪参与者540万人，雪地行走者400万人，越野滑雪参与者330万人，特里马滑雪参与者280万人。在1930万参与者当中，62%为男性，38%为女性。

从滑雪爱好者的经济状况看，高收入人群占了很大比例，50%的高山滑雪爱好者和37%的单板滑雪爱好者的年收入超过10万美元。而滑雪爱好者的构成越来越多样化，非洲裔、亚裔和西班牙裔的参与人数增长很快，这三个群体超过了滑雪总参与人数的25%。此外，雪地行走是最受女性欢迎的项目，女性参与者占该项目所有参与者的46%。超过39%的单板滑雪者年龄在24岁以下，74%的冬季项目参与者拥有自己的住房，显示出参与者年轻化、高收入的基本特征。

美国冬季旅游业的经济影响力较大，冬季旅游业的规模约为数十亿美元。在冬季旅游活动中，包括滑雪、雪车、酒店、度假村、酒吧、餐馆、杂货店和加油站的总花费为27亿美元，滑雪者每人每天的支出为141美元。按照美国体育用品协会的统计数据，冰雪运动产品销售额包括设备、服装和配件为33亿美元。其中，雪上滑板设备为2.84亿美元，滑雪设备为6亿美元②。

3. 亚洲地区冰雪旅游消费市场的特征

得益于优越的地理环境和丰富的冰雪资源，被誉为"雪国"的日本冰雪旅

---

① 李卫星，孙威. 欧洲滑雪体育旅游的起源、现状和发展趋势研究［J］. 北京体育大学学报，2013，36（1）：30-45.

② 资料来源：https://www.sohu.com/a/115834029_505713.

游人气一直榜上有名，冰雪旅游已然成为日本旅游最受欢迎的项目，更是近邻中国消费者心中冰雪之旅的首选地。札幌和长野两座城市也由于举办冬奥会而成为日本著名的冰雪文化旅游胜地。

札幌冰雪节每年吸引 200 多万访客，是世界四大冰雪节之一。与此同时，随着日本人口老龄化加剧，一些滑雪场发展成为大型综合性度假区，打造除滑雪以外老少咸宜的四季休闲旅游项目。据日本观光厅统计，在赴日外国游客中，有两成以上想要体验滑雪。日本每年的滑雪人次在 3000 万左右，其中，国外滑雪者约占 10%。日本的国内滑雪者占人口比例达到 9%，这与其闻名世界的全民参与、全民体育的发展模式息息相关。在以旅游市场为目的的培训上，日本也进行了很多有益探索，如日本观光与运输部开启了"培养留学生滑雪教练计划"，旨在培养各国在日留学生成为滑雪教练，更好地为国外游客服务。

韩国的国内滑雪者占人口比重达到 6%，培养体育后备人才的模式是以学生、家长和社会来共同支撑的。例如，冰球模式是以俱乐部为驱动，发展计划包含国家队比赛计划、青少年发展计划、教练员培训计划、裁判员培训计划等，时间精确到具体的日期，成熟的从小学至大学的联赛体系以及每年 4000 万美元的投入，让冰球运动在学生中持续地发展，也成为带动冰雪产业的重要游客来源；而滑冰协会则是一个民间体育组织，采取了完全依托于社会的运动员培养方式，通过家长与学生的广泛参与实现了良性发展[1]。

（三）国际冰雪旅游目的地建设对我国的启示

1. 加强与世界冰雪旅游强国的交流

在经济全球化背景下，我国冰雪旅游产业的发展始终离不开与国际对接，与国际形成竞争合作关系，自觉融入国际冰雪旅游体系。北京作为冬奥会举办地，更是要迎接来自全世界的游客。冰雪旅游的发展要与世界冰雪旅游强国进行交流，包括发展经验交流、技术交流、人才交流、文化交流，学习借鉴其他国家或地区发展冰雪旅游的成功经验，创造能够满足冰雪旅游活动环境的人工技术，引进人工造雪系统以弥补冰雪资源基础的缺陷，引进其他国家或地区的人才或者进行交流学习，将本地冰雪旅游与邻近中国的其他民族民俗文化相结合，展现不同的文化特色。北京具有地理区位优势以及强大的经济实力，对于本地与近郊冰雪旅游市场以及国内冰雪旅游市场影响力较大，与世界冰雪旅游

---

① 胡慧璟，郭万超. 借鉴日韩经验发展首都冰雪产业 [J]. 前线，2020（6）：68-71.

强国进行交流有利于国际市场的开拓以及品牌知名度的扩大。

2. 促进冰雪知识普及，增强全民参与性

在瑞典，滑雪是一项全民参与的健身运动，涵盖各个年龄段。现阶段我国冰雪旅游以北京冬奥会为契机虽然发展迅速，但大多数旅游者还处于初次体验状态，对于冰雪体育运动的了解较浅，冰雪旅游在冬奥会结束后期难免会出现发展后劲不足的现象。我国也通过颁布《"带动三亿人参与冰雪运动"实施纲要（2018—2022 年）》等系列文件政策，推动我国冰雪运动跨越式发展，但普及程度依旧不深。在国家以及地方支持的条件下，对于冰雪知识、冰雪运动的普及，还应在冰雪知识的活化，冰雪运动的可操作性、丰富性方面进行思考。由于大部分旅游者属于初次体验者，对于滑雪技巧掌握具有一定难度，且国内滑雪场多数注重高山滑雪，较为单调，因此，对于冰雪知识讲解，可以通过线上媒体宣传、影片制作、定期举办冰雪节等方式进行；对于大众的滑雪运动，除高山滑雪应推动越野滑雪这种好学又不太费力气且趣味性强的大众滑雪旅游运动唤起全民参与的热情外①，还应针对部分专业运动员或冰雪运动爱好者设置冰上或雪上项目比赛。

3. 深耕文化，打造世界品牌

在冬奥会的助推下，北京具备了较好的硬件设施条件，而冰雪旅游产业要想取得进一步发展，还应继续挖掘历史、深耕文化，增强软件实力。欧美国家冰雪旅游发展的持久力关键依靠于发展文化内涵。例如，结合地域文化、名胜古迹、庆典活动等，同时注重科技与文化的结合，如采用人工造雪、彩色冰、低温喷泉、激光等先进的科学技术，提高产品的档次、品位和艺术性。在赋予"文化+冰雪旅游"的前提下，要以品牌为支持，使冰雪旅游不再是一次性体验消耗活动，而是更加深入人心，赢得旅游者青睐。建设品牌，不能将视角局限于冰雪旅游产品上，而是打造区域名牌。在面向国内宣传，扩大知名度的同时，还应联系世界，既打造中国冰雪旅游品牌，又使之成为世界的品牌。

五、找准区域问题及发展方向

从北京（京津冀）冰雪文化旅游的供需发展来看，在冬奥会的巨大契机

---

① 徐淑梅，张德成，李喜娜. 欧洲冰雪旅游产业发展特点对我国的启示［J］. 东北亚论坛，2011（6）：120-127.

下，区域冰雪旅游设施条件有了显著的提升；但就消费市场和产品供给来看，当前的旅游产品融合度不高，消费者处于初级水平且对冰雪运动的教育培训需求较高，对文化旅游产品的多元化程度要求也较高。与我国其他冰雪区域相比，北京（京津冀）区域的天然降雪优势不强，但综合设施水平高、消费市场带动力强、文化旅游基础好，而这正是吸引远距离冰雪文化旅游消费者的重要因素。发挥北京（京津冀）区域的优势，是进一步提升区域冰雪文化旅游发展的重要基础。

（一）区域冰雪文化旅游面临的问题与挑战

1. 消费者冰雪运动水平影响产品优化升级

我国滑雪运动开展时间较短，冰雪运动中的一次性初级消费者比例仍然较高，消费者市场属性的初级性决定了消费产品也以初级产品为主，极大程度影响了冰雪运动类旅游产品的优化提升。

2. 中国特色冰雪文化亟须建设

近年来室外滑雪场消费人次的增长率有明显下滑，国内消费市场的增长空间有限；室内滑雪场特别是南方地区室内滑雪场成为冰雪运动的主要增长空间，在满足南方初级消费市场需求方面起到了重要作用，但对文化旅游产业的推动有限。

3. 滑雪场规模结构不能满足消费提升需求

虽然我国滑雪场数量不断增长，但是大部分滑雪场规模小，雪道条件和设施较落后，较大规模滑雪场及度假目的地型滑雪场仍然非常有限；根据滑雪运动及旅游活动的数据来看，随着初级消费市场逐步饱和，大型滑雪场特别是度假型旅游目的地滑雪场将成为未来冰雪产业发展的重要阵地，特别是面向京外冰雪消费者，对冰雪设施和综合服务的要求更高，需要进一步扩大规模、提升基础设施和文化旅游综合配套设施。

4. 冰雪运动发挥的作用有限

尽管70%以上的冰雪运动爱好者集中在京津冀地区和东北三省，但是冰雪旅游游客市场却以南方为主，这显示出我国冰雪产业中冰雪运动发挥的作用比较有限，冰雪运动水平约束了冰雪运动的产业带动作用。

5. 发展过程中存在的问题

（1）产品同质化，区域竞合效应低。京津冀虽然具备得天独厚的冰雪气候条件和资源，可以依托冬奥会及北京所带来的巨大客源市场，但冰雪旅游的开发依然处于以冰雪资源为主的单一化开发模式，导致冰雪产品内涵不够深刻，特色不突出。在文化旅游融合的大背景下，应充分将地域文化融入冰雪旅游的开发中。同时，区域间的冰雪旅游景区各自为政，以价格和品质为主要手段进行竞争，合作效应低，致使区域间冰雪旅游系统松散化，制约了区域整体的冰雪旅游竞争力。

（2）产品价格较高，大众化消费有限。欧美等发达冰雪旅游国家，冰雪运动得到普及化的原因之一就是价格较为合理，能被民众所接受。而目前京津冀冰雪旅游体系还不够完善，冰雪旅游项目设施、服务及维护成本较高，且营业季节性明显且短暂，导致了冰雪运动较高的定价，同时也决定了特定的消费群体，这在一定程度上限制了冰雪运动及旅游的大众化发展。

（3）盈利能力低，产业脆弱性突出。现阶段京津冀冰雪旅游发展依然遵循比较传统的模式，一年只有一个季度运作，其余三个季度资源闲置，但依然需要支出相应成本，其应收状况完全取决于一个季度，盈利能力较低，所以这也是绝大多数滑雪场运作多年仍亏损的原因之一。另外，由于对气候条件的高度依赖性，冰雪旅游资源较一般的旅游资源更脆弱。

（4）专业人才缺乏，安全体系不完善。冰雪运动及旅游是一项技术性活动，初参与者需要教练的教授。但京津冀地区现阶段在滑雪专业人才方面还是十分缺乏的。另外，滑雪运动属于一项高危运动，对滑雪场地的安全系统要求很高，但我国除一些规模较大的滑雪场外，其余的滑雪场安全保障措施仍然很不完善，亟须提高完善。

（二）区域冰雪文化旅游发展方向与建议

基于北京（京津冀）区域冰雪旅游产业基础和发展优势，提出以下建议：

第一，打造具有中国特色的冰雪文化，是推进我国冰雪产业全面发展的重要方向。纵观欧美地区冰雪产业的发展，塑造符合自身特色的冰雪文化，是做大做强冰雪产业的重要基础。推动我国冰雪产业发展，应当深入探索我国消费者特征，打造符合中国特色的冰雪文化。与欧美消费者相比，我国消费者的冰雪旅游消费动机中，休闲体验的比重更高；同时面向国际旅游消费者，在提升冰雪设施和服务等级的同时，休闲文化融合也更有利于凸显我国冰雪旅游的特色。首先，积极挖掘我国传统冰雪文化活动，推进传统冰雪活动与现代冰雪旅游的深度结合，塑造中国特色冰雪旅游体验；其次，结合我国冰雪运动逐步大众化的阶段性特征，推进冰雪教育与冰雪旅游的深入融合，积极探索符合青少年研学、家庭亲子体验等的特色冰雪旅游业态；最后，结合区域文化和旅游资源特色，打造休闲体验综合体，满足我国消费者多元化消费需求。

第二，加速推进京味文化与冰雪运动的融合，打造具有地方特色的冰雪旅游体验。文化、美食和多样化旅行体验是入境游客选择来华旅游最突出的考虑因素。而不同地区的入境游客选择来华的原因也并不相同。其中，亚洲游客最看重安全，且和其他地区不同的是更加看重住宿便捷性；而来自北美洲、欧洲和大洋洲的游客更加注重人文体验，预算可承受也是北美游客特别看重的考虑因素。不同大洲的游客对中国文化体验也有偏重，如亚洲游客期待感受现代的城市文化；欧洲游客对传统中国历史文化更有兴趣，同时他们期待传统特色演艺项目，如京剧等。

京津冀区域尽管存在一定的经济和资源差异，但是基于历史文化发展基础，具有极强的文化同源性，与东北地区的冰雪度假体验、西北地区的异域文化体验相比，京津冀区域应当更加突出京味文化与冰雪休闲的深度融合，积极挖掘皇家文化、长城文化、温泉康养文化等，为消费者提供具有地方特色的冰雪旅游体验，打造冰雪+温泉康养、冰雪+长城文化、冰雪+皇家文化等文化线路，建设集冰雪运动、文化休闲、生态康养等为一体的小镇或度假区。

第三，推进冰雪科普教育，将教育融入冰雪体验，提升旅游消费者技能，充分挖掘本土消费市场。从供需双向构建的角度，实现区域冰雪旅游产业发展，不能仅限于对当前旅游消费的满足，更应当引导、培养和深度挖掘消费者需求。从欧美及东亚的冰雪旅游产业发展来看，冰雪运动是产业发展的重要基础，而冰雪运动的发展需要基于冰雪运动的大众参与度。基于我国冰雪旅游消费者中冰雪运动初级消费者比重较高的特征，应尽快推进冰雪运动教育，除目前的中小学冰雪教学外，还应在专业赛事、中青年冰雪运动教育、特定冰雪运动竞技等方面加强投入，在更广泛的年龄层提升旅游消费者技能，从而提升旅游消费能力，拓展消费需求。同时，积极探索专业教练及服务人才的培育，为消费大规模提升的服务管理需求提供支撑，进而推进冰雪产业综合发展。构建集专业冰雪培训机构、冰雪场馆、高等院校、中小学为一体的冰雪人才培养体系，实现多层次、多形式的冰雪教育培训，依托中小学特色学校打造冰雪专业储备人才，依托专业培训机构及高等院校推进冰雪运动研究，依托专业培训机构、冰雪场馆打造多元体验及培训，在实现综合性人才体系建设的同时，也为提升冰雪旅游场馆的专业水平提供基础。

第四，加快冰雪运动设施优化升级，完善休闲业态配套，优化消费者体验，打造国际高端冰雪旅游目的地。消费者调查显示，交通便利性、雪道条件以及休闲体验活动都有利于扩大消费者空间距离，从而实现消费者空间规模的扩大。冬奥会对推进场馆区域设施和交通便利度提供了重要支撑，然而部分传统冰雪场馆仍然存在设施老旧的问题，推进区域旅游产业的可持续发展还需要进一步探索区域冰雪运动设施体系的进一步优化升级。同时，进一步完善区域休闲业态与冰雪运动场馆的配套建设，构建规模完善、体系完整、差异化定位的滑雪场群，建设集冰雪运动、旅游休闲、康养度假、教育培训为一体的国际冰雪文化旅游度假区，配套建设冰雪装备产业集群，打造产业链完善的多元业态；通过举办标志性赛事与节会活动，积极打造目的地品牌，建设高端冰雪旅游目的地。

第三章
高效整合利用相关资源与资产

一、京津冀地区冰雪文化旅游产业发展条件

（一）地理区位优势

京津冀地区包括北京、天津、河北三省市，地域面积约 21.8 万平方千米，占全国总面积的 2.3%①。京津冀地区与长江三角洲、珠江三角洲地区一起被公认为我国三大人口和社会经济活动密集区域，是我国重要的经济增长极。北京市是我国首都，政治地位突出，文化底蕴深厚，科技创新领先，人才资源密集，国际交往密切。天津市拥有北方最大的综合性港口，有着雄厚的制造业基础，研发转化能力较强，发展势头良好。河北省自然资源丰富，人口基数较大，产业基础较好，经济体量较大，具有广阔的发展空间。京津冀地缘相接、人缘相亲，历史渊源深厚，为实现优势互补、产业协同发展提供了良好条件。

1. 自然地理特征明显，具备天然的旅游优势

京津冀地区具备发展旅游的天然优势。从地理方位来讲，京津冀地区地貌类型多样，名山胜景众多。地形上分属冀北山地、太行山地和华北平原，自然旅游资源极其丰富。北京境内有军都山、灵山、百花山等，东南侧有明十三陵，是明代帝王的陵墓。天津境内有盘山，盘山风景区是著名的生态旅游景点。河北境内有小五台山，风景优美。此外，河北境内有众多的海水浴场和避暑胜地，如北戴河、昌黎海岸等。立足京津冀地区优质的生态文化基底，可以推动京津冀旅游产业进一步发展。

---

① 百度百科. 京津冀 [EB/OL]. https：//baike. baidu. com/item/%E4%BA%AC%E6%B4%A5%E5%86%80/7504899？fr=aladdin, 2020-12-30.

2. 举办 2022 年冬奥会, 京津冀地区冰雪文化旅游产业迎来重大发展机遇

2022 年冬奥会是中国历史上第一次举办冬季奥运会, 主办城市是北京市和张家口市。北京将承办所有冰上项目, 延庆和张家口将承办所有雪上项目。北京是奥运史上第一个举办过夏季奥林匹克运动会和冬季奥林匹克运动会的城市。2022 年京张冬奥会与京津冀一体化发展的双重政策叠加, 为京津冀冰雪旅游公共服务协同发展提供了制度保障。以筹办 2022 年冬奥会为契机, 文化旅游产业迎来了黄金发展期, 同时, 依托京张冬奥产业带, 探索京津冀协同发展新路径, 构建可持续发展的冰雪旅游产业体系。

3. 京津冀地区是中国旅游客源地、目的地和中转地之一, 交通网络较为成熟

京津冀地区交通条件便利, 游客往来不断。根据国家统计局及三省市文化和旅游厅发布的数据, 2019 年北京市接待旅游总人数 3.22 亿人次, 旅游总收入 6224.6 亿元。天津市 2019 年客运量 1.96 亿人次, 旅客周转量 585.11 亿人公里, 机场旅客吞吐量 2381.33 万人次。河北省接待国际游客 187.9 万人次, 旅游外汇收入 9.4 亿美元; 接待国内游客 7.8 亿人次, 创收 9248.7 亿元; 旅游总收入 9313.4 亿元。并且, 随着北京大兴国际机场的投入使用、"轨道上的京津冀"加快打造以及京津冀"1 小时交通圈"逐步扩大, 旅游一体化的"大交通"基础设施条件已经具备。

4. 京津冀三地优质文旅资源共享, 相互促进、相互补充、协同发展

京津冀地区旅游资源丰富, 类型多样, 有利于构成相互补充的旅游线路和旅游产品, 具有发展旅游的天然优势。京津冀地区集中了 7 处世界文化遗产, 占全国总数的近 1/5; 拥有国家 AAAA 级以上景区 200 余处, 占全国总数的 1/10。同时, 三地文化旅游资源又各具特色, 优势互补: 北京是东方文化的代表城市, 拥有皇家建筑、传统民居、国粹京剧以及众多非物质文化遗产; 天津是中国北方最大的港口城市, 独具特色的民间文化、欧陆古典风情、街头小吃、曲艺相声等对游客具有强烈的吸引力; 河北省是中国唯一兼有高原、山地、丘陵、平原、湖泊和海滨的省份, 还有沧州武术、吴桥杂技、燕赵文化、木兰围场以及承德避暑山庄等旅游资源。

(二) 经济发展条件

1. 第三产业比例高, 具备推进旅游产业发展的经济基础

根据国家统计局公布的数据, 2019 年北京市全年实现地区生产总值

35371.3 亿元，比上年增长 6.1%；第三产业增加值 29542.5 亿元，增长 6.4%；全市人均生产总值 164220 元。天津市全年生产总值 14104.28 亿元，比上年增长 4.8%；第三产业增加值 8949.87 亿元，增长 5.9%；全市人均生产总值 90372 元。河北省全年生产总值 35104.5 亿元，增长 6.8%；第三产业增加值 17988.8 亿元，增长 9.4%；全省人均生产总值为 46348 元。虽然三地 GDP 水平不同，但是在首都北京空间溢出的背景下，津冀地区可以凭借优惠政策和空间优势承接相关资源要素从而产生正向溢出效应。并且，三省市第三产业收入占比较高，具备一定的发展潜力和推进旅游产业发展的经济基础。2019 年京津冀地区各城市地区生产总值和人均生产总值分别如图 3-1 和图 3-2 所示。

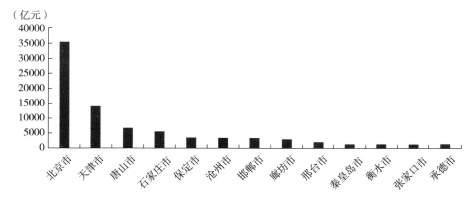

图 3-1　2019 年京津冀地区各城市地区生产总值

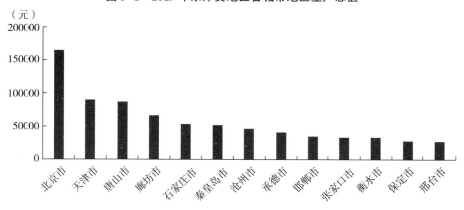

图 3-2　2019 年京津冀地区各城市人均生产总值

2. 旅游产业发展态势良好，产业带动效益明显

根据国家统计局发布的数据，京津冀区域发展指数持续提升，2019 年区域

发展指数为 167.72，比 2018 年提高 7.59 个点。其中，京津冀三地共同加大了对文体娱乐方面的投入，区域文体娱乐业固定资产投资占地区生产总值的比重比上年提高 0.1 个百分点。2019 年京津冀地区各城市第三产业占地区生产总值的比例如图 3-3 所示。

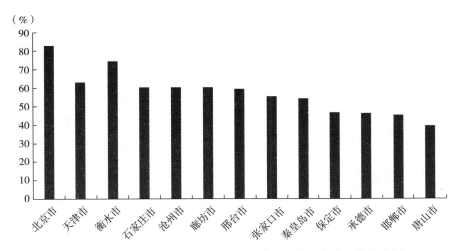

图 3-3　2019 年京津冀地区各城市第三产业占地区生产总值的比例

旅游产业包含"吃、住、行、游、娱、购"六大要素，具有三大动力效应：直接消费动力、产业发展动力和城镇化动力，可以产生多方面的效益，推动经济发展和社会进步。随着我国旅游产业的迅速发展、消费结构的优化升级和居民生活水平的提高，人民对于旅游的需求也呈现出多元化的发展趋势。逐渐扩大的旅游市场和层级丰富的旅游产品使旅游业成为众多地区经济增长的重要因素之一。京津冀地区拥有优越的地理区位和天然的资源优势，旅游资源丰富、产品多样，旅游业发展前景广阔。

（三）自然环境

1. 生态文明建设成效显著

京津冀三地历时五年创建了国内首个跨行政区域的生态文明先行示范区，联手保护山水林田湖资源，打造生态环境保护圈。三省市生态环境局发布的公开数据显示，在大气环境方面，三地空气质量不断改善，PM2.5 年均浓度均呈下降趋势，区域下降 46%。2019 年，北京市空气质量达标天数为 240 天，达标比例为 65.8%，首次全年未出现严重污染日；天津市大气环境质量保持稳定，全年优良天数 219 天，同比增加 12 天；河北省全年平均优良天数为 226 天，达标比例为 61.9%，其中承德市和张家口市优良天数均为 308 天。在水环境方面，北京市地表水质持续改善，主要污染指标年平均浓度值持续降低，劣 V 类水质河流进一步减少；天津市 2019 年优良水质断面比例首次达到 50%，水环境质量达到当年最好水平；河北省水生态环境质量明显改善，湖库淀水质稳定，近岸海域水质优良比例为 100%。此外，三省市土壤、噪声环境质量状况总体保持稳定，生态环境状况持续保持良好水平。

2. 具备发展冰雪旅游的气候条件

京津冀地区属温带季风气候，位于半湿润和干旱地区，四季变化明显，年平均气温 10~12℃。京津冀地区四季分明，光照充足，春秋季较短，夏季高温多雨，冬季平均气温-5~5℃，较少出现严寒天气，适合发展冰雪旅游。

（四）相关政策解读

1.《京津冀协同发展规划纲要》

2015 年 6 月，中共中央、国务院颁布《京津冀协同发展规划纲要》（以下简称《纲要》）。《纲要》中既包含顶层设计纲要，也有实施方案细则和技术指导路线。这个顶层设计开启了三地功能互补、错位发展、相辅相成的新征程。从宏观层面来看，以建设以首都为中心的世界级城市群为目标的京津冀地区，承载了推动中国实现全局均衡发展、改变经济发展"南强北弱"的状况、深刻重塑中国乃至世界经济地理版图格局的历史使命[①]。其中，三省市的功能定位分别如下：北京市为"全国文化中心""国际交往中心"；天津市为"北方国际航运核心区""改革开放先行区"；河北省为"产业转型升级试验区""京津冀生态环境支撑区"。在这种背景下，三省市相互合作，依靠国家政策支持和地域优势在旅游产业、文化产业、体育产业等方面有巨大的发展空间。

2.《京津冀协同发展交通一体化规划》

2015 年 12 月，国家发展改革委和交通运输部联合颁布《京津冀协同发展交通一体化规划》（以下简称《规划》），《规划》提出要扎实推进京津冀地区交通的网络化布局、智能化管理和一体化服务，形成多节点、网格状的区域交通网络。强调京津冀要建设安全可靠、便捷高效、经济适用、绿色环保的综合

① 中国日报网．写在京津冀协同发展重大国家战略实施五周年之际［EB/OL］．https：//baijiahao.baidu.com/s? id=1626226713299380634&wfr=spider&for=pc，2020-12-30.

运输体系，形成京津石中心城区与新城、卫星城之间的"1小时通勤圈"，京津保唐"1小时交通圈"，相邻城市间基本实现1.5小时到达。三省市间交通一体化的打造，进一步推动了京津冀地区轨道交通、公路交通和航空运输业的发展，同时也增强了本地区旅游产业的竞争力。

3. 《京津冀文化和旅游协同发展2019—2020年工作要点》

2019年，京津冀文化和旅游协同发展交流活动在北京举行，会上成立了京津冀文化和旅游协同发展领导小组，研究部署了《京津冀文化和旅游协同发展2019—2020年工作要点》，指出京津冀三地文化和旅游部门将丰富完善文化和旅游产业项目库；加强京津冀文化和旅游信息互联互通，深化三地在网络、新媒体端和海外平台的宣传营销合作；联合举办京津冀大型文化和旅游活动；持续推进京津冀旅游试点示范区建设；推进大运河沿线节点开发和特色产业发展，打造运河旅游"黄金走廊"；等等。

4. 2021年京津冀文化和旅游协同发展工作要点

2020年，京津冀文化和旅游协同发展工作会在天津召开，会上公布了2021年京津冀文化和旅游协同发展工作要点。三地将加快推进包含京北生态（冰雪）旅游圈在内的五大京津冀旅游试点示范区建设；优化京津冀文化和旅游产品供给；扩大京津冀文化和旅游投融资渠道；完善京津冀旅游交通服务体系；建立健全京津冀旅游服务规范与质量标准体系；丰富过境免签旅游产品体系；等等。

5. 京津冀144小时过境免签政策

京津冀144小时过境免签政策意味着持有有效国际旅行证件和前往第三国或地区联程客票的外国旅客，可从京津冀口岸出入境，并且可以免办签证在京津冀区域内停留6天。此项政策不但可以有效优化京津冀三地机场分工，形成优势互补，还可以拉动京津冀三地入境旅游产业发展。

6. 《天津市促进旅游业发展两年行动计划（2019—2020年）》

2019年7月，天津文化和旅游局发布《天津市促进旅游业发展两年行动计划（2019—2020年）》（以下简称《计划》），《计划》提出天津市将围绕旅游发展全域化、旅游供给品质化、旅游治理规范化、旅游效益最大化，推出多条旅游精品线路、培育特色文化旅游村、实施"旅游+"工程、发展冰雪体验旅游等，实现旅游业态显著丰富、旅游品质明显改善、市场份额稳步扩大、城市形象得到提升。

7. 《河北省旅游高质量发展规划（2018—2025年）》

2018年11月，河北省人民政府发布《河北省旅游高质量发展规划（2018—

2025 年）》，其中明确提出要提升旅游产品品质，优惠产品供给；协同其他产业，拓展融合发展新领域。要以扩大提升冰雪消费规模和水平为重点，强化优势聚集，促进融合发展，重点打造冰雪观光、冰雪度假、冰雪运动、冰雪文化、冰雪商贸、冰雪节庆等休闲度假产品。加快推进冰雪旅游场地建设，培育打造一批冰雪特色小镇，全力创建一批冰雪旅游度假区。以崇礼为核心，以国际化、标准化、市场化为发展方向，打造世界级冰雪旅游目的地，全力打造世界顶级的滑雪运动基地。大力发展国家冰雪产业集群，做长冰雪产业链，推动建设世界级的冰雪运动中心、冰雪装备制造中心、冰雪人才培养基地和冰雪论坛会展高地，实现冰雪到"冰雪+"的转变。

8. 《关于以 2022 年北京冬奥会为契机大力发展冰雪运动的意见》

2019 年 3 月，中共中央办公厅、国务院办公厅印发《关于以 2022 年北京冬奥会为契机大力发展冰雪运动的意见》，其中提出要普及冰雪运动，发展冰雪产业，落实条件保障，努力实现我国冰雪运动跨越式发展。力争到 2022 年，我国冰雪运动总体发展更加均衡，普及程度明显提升，参与人数大幅增加，冰雪运动影响力更加广泛；冰雪运动竞技水平明显提高，在 2022 年北京冬奥会上实现全项目参赛，冰上项目上台阶、雪上项目有突破，取得我国冬奥会参赛史上最好成绩；冰雪产业蓬勃发展，产业规模明显扩大，结构不断优化，产业链日益完备。京津冀地区可以紧抓冬奥会机遇，依托京津冀联合区域优势建设冰雪设施、加强冰雪运动宣传，助推冰雪旅游的发展。

9. 《冰雪运动发展规划（2016—2025 年）》

2016 年 11 月，国家发展改革委、国家体育总局、教育部、原国家旅游局联合印发《冰雪运动发展规划（2016—2025 年）》，其中提出以筹办 2022 年冬奥会为契机，在京津冀地区建设一批能承办高水平、综合性国际冰雪赛事的场馆，依托该地区旺盛的消费需求，积极普及冰雪运动项目，大力发展冰雪健身休闲业、高水平竞赛表演业和冰雪旅游业，带动全国冰雪运动发展。优化冰雪运动竞技项目布局，优势项目和潜优势项目要重点发展，一般项目有侧重发展，新开展项目要跨越式发展。鼓励东北三省开展更多的冰雪项目，加快北京、河北、新疆和内蒙古等地冰雪项目的发展速度，调动其他有条件的省区市开展适宜的冰雪项目。

10. 《北京市人民政府关于加快冰雪运动发展的意见（2016—2022 年）》

2016 年 2 月，北京市人民政府出台《北京市人民政府关于加快冰雪运动发展的意见（2016—2022 年）》（以下简称《意见》），其中提出要广泛开展群众冰雪健身活动；全面提升竞技冰雪运动水平；努力扩大青少年冰雪运动覆盖面；加快推动冰雪体育产业发展；加大冰雪场地设施建设；加强冰雪运动人才队伍建设；等等。此外，《意见》还完善了相关利好措施推动冰雪产业的发展。

11. 《天津市冰雪运动发展规划（2016—2025年）》

由天津市体育局、天津市发展和改革委等部门联合印发的《天津市冰雪运动发展规划（2016—2025年）》中提出，2020—2025年要推动天津冰雪运动实现全面发展，形成适合全民健身普及、竞技水平提高和体育产业发展的天津市冰雪运动发展运行机制。加强冰雪场地设施建设，各类滑冰馆、滑雪场、人造冰场等达到50个左右。打造综合性冰雪基地及特色示范项目1~3个。进一步加大冰雪项目教练员和专业人员培训力度，扩大队伍，提高指导水平。重点推动冰雪建设休闲业，积极培育冰雪竞赛表演业。

12. 《河北省冰雪产业发展规划（2018—2025年）》

2018年，河北省政府办公厅印发《河北省冰雪产业发展规划（2018—2025年）》，河北省将立足于培育经济新的增长极，以冰雪场馆设施为基础，加快形成以"冰雪体育运动、冰雪装备研发制造、冰雪旅游、冰雪人才培训、冰雪文化"为核心的冰雪全产业链，加快形成"2344"（两核、三带、四基地、四品牌）冰雪产业发展新布局，努力打造世界冰雪体育运动的胜地、世界冰雪旅游目的地、世界冰雪装备制造的聚集区、世界冰雪人才培养基地、世界冰雪论坛会展的高地，实现全国领先、世界一流，建成冰雪产业强省的发展目标。

二、京津冀地区文化和旅游资源分析

（一）文化资源和旅游资源现状

1. 基本文化资源概况

根据国家文物局及三省市文化和旅游厅公布的数据，截至2018年，京津冀地区共有名人故居194处（北京市75处、天津市100处、河北省19处，见图3-4）；博物馆317处（北京市151处、天津市65处、河北省101处，见图3-5）；公共图书馆162座（北京市18座、天津市27座、河北省117座，见图3-6）。京津冀地区文化设施基础良好，但是各类基础文体设施质量参差不齐，三地均应增加高级艺术表演场馆、高质量文化广场等基础设施建设。

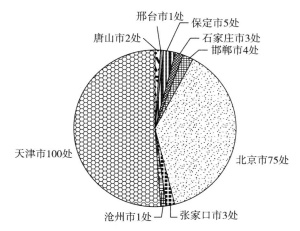

图 3-4　京津冀地区名人故居

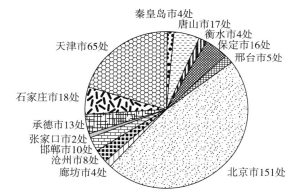

图 3-5　京津冀地区博物馆

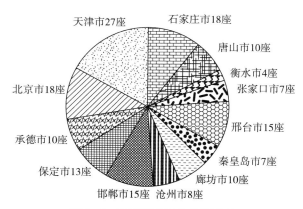

图 3-6　京津冀地区公共图书馆

2. 旅游资源基本概况

京津冀地区地理区位独特，旅游资源丰富，文化历史悠久。根据国家文化和旅游局发布的数据，目前三省市共有 476 处全国重点文物保护单位（北京市 140 处、天津市 34 处、河北省 302 处，见表 3-1~表 3-3）；国家 A 级景区 752 处（北京市 235 处、天津市 97 处、河北省 420 处），其中 AAAAA 级景区 20 处（北京市 9 处、天津市 2 处、河北省 9 处，见表 3-4~表 3-6）；国家级自然保护区 18 处（北京市 2 处、天津市 3 处、河北省 13 处，见表 3-7~表 3-9）；国家森林公园 44 处（北京市 15 处、天津市 1 处、河北省 28 处，见表 3-10~表 3-12）；历史文化名镇名村 48 处（北京市 6 处、天津市 2 处、河北省 40 处，见表 3-13~表 3-15）。

表 3-1　北京市全国重点文物保护单位

批次	名　　称	数量（处）
第一批	北京大学红楼、天安门、卢沟桥、人民英雄纪念碑、房山云居寺塔及石经、妙应寺白塔、真觉寺金刚宝座（五塔寺塔）、居庸关云台、万里长城——八达岭、天坛、北海及团城、智化寺、国子监、雍和宫、颐和园、十三陵、北京故宫、周口店遗址	18
第二批	北京宋庆龄故居、皇史宬、古观象台、北京城东南角楼、恭王府及花园	5
第三批	郭沫若故居、正阳门、太庙、社稷坛、北京孔庙、崇礼住宅、法海寺、牛街礼拜寺、天宁寺塔、银山塔林、琉璃河遗址、圆明园遗址	12
第四批	戒台寺、北京东岳庙、大高玄殿、历代帝王庙、北京鼓楼、钟楼、南堂、觉生寺（大钟寺）	8
第五批	金中都水关遗址、景泰陵、潭柘寺、可园、孚王府、景山、白云观、万佛堂、孔水洞石刻及塔、法源寺、碧云寺、先农坛、大慧寺、十方普觉寺、清净化城塔、清华大学早期建筑、东交民巷使馆建筑群、未名湖燕园建筑、长城—司马台段	19
第六批	柏林寺、安徽会馆、报国寺、北京国会旧址、北京鲁迅旧居、北平图书馆旧址、承恩寺、醇亲王府、爨底下村古建筑群、大觉寺、大栅栏商业建筑、德胜门箭楼、地坛、关岳庙、广济寺、国立蒙藏学校旧址、健锐营演武厅、金陵、国民政府财政部印刷局旧址、京杭大运河、京师大学堂分科大学旧址、京师女子师范学堂旧址、静明园、利玛窦和外国传教士墓地、清陆军部和海军部旧址、清农事试验场旧址、日坛、十字寺遗址、孙中山行馆、万寿寺、西什库教堂、协和医学院旧址、辛亥滦州起义纪念园、亚斯立堂、元大都城墙遗址、月坛、袁崇焕墓和祠、中南海、长城[①]	39

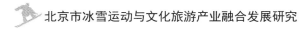

续表

批次	名　称	数量（处）
第七批	镇岗塔、良乡多宝佛塔、延庆古崖居、灵岳寺、万松老人塔、明北京城城墙遗存、姚广孝墓塔、摩诃庵、琉璃河大桥、慈寿寺塔、文天祥祠、普度寺、克勤郡王府、东堂、基督教中华圣公会教堂、通州近代学校建筑群、西交民巷近银行建筑群、辅仁大学本部旧址、京张铁路南口段至八达岭段、盛新中学与佑贞女中旧址、四九一电台旧址、李大钊旧居、长辛店二七大罢工旧址、基督教中华圣经会北京分会旧址、北京大学地质学馆旧址、焦庄户地道战遗址、梅兰芳旧居、房山大白玉塘采石场遗址、大运河、长城②	30
第八批	上宅遗址、醇亲王墓、长椿寺、智珠寺、北京湖广会馆、双清别墅、原子能"一堆一器"旧址、北京站车站大楼、宋庆龄儿童科学技术馆、通州燃灯塔、圣米厄尔教堂	11

注：①与第五批全国重点文物保护单位"长城—司马台段"合并；②与第六批全国重点文物保护单位"长城"合并。

表 3-2　天津市全国重点文物保护单位

批次	名　称	数量（处）
第二批	义和团吕祖堂坛口遗址	1
第三批	大沽口炮台、望海楼教堂	2
第四批	天津利顺德饭店旧址、南开学校旧址	2
第五批	天津广东会馆、天津劝业场大楼	2
第六批	天妃宫遗址、石家大院、京杭大运河、千像寺造像、盐业银行旧址、法国公议局旧址、梁启超旧居	7
第七批	蓟县白塔、天后宫、天尊阁、李纯祠堂、北洋水师大沽船坞遗址、塘沽火车站旧址、北洋大学堂旧址、马可波罗广场建筑群、天津西站主楼、天津五大道近代建筑群、谦祥益绸缎庄旧址、黄海化学工业研究社旧址、天津工商学院主楼旧址、大运河	14
第八批	新开河火车站旧址、觉悟社旧址、北京博物院旧址、南开大学思源堂、平津战役前线司令部旧址、天津市军事管制委员会和中共天津市委旧址	6

表 3-3　河北省全国重点文物保护单位

批次	名　称	数量（处）
第一批	冉庄地道战遗址、响堂山石窟、安济桥（大石桥）、永定桥（小石桥）、定县开元寺塔（料敌塔）、广惠寺华塔、义慈惠石柱、赵州陀罗尼经幢、独乐寺、隆兴寺、万里长城——山海关、普宁寺、普乐寺、普陀宗乘之庙、须弥福寿之庙、避暑山庄、沧州铁狮子、赵邯郸故城、燕下都遗址、封氏墓群、清东陵、清西陵	22
第二批	西柏坡中共中央旧址、北岳庙	2
第三批	李大钊故居、金山岭长城、清远楼、直隶总督署、开元寺钟楼、殊像寺、安远庙、凌霄塔、磁山遗址、中山古城遗址、邺城遗址、涧磁村定窑遗址、中山靖王墓、磁县北朝墓群	14
第四批	许家窑—侯家窑遗址、北戴河秦行宫遗址、磁州窑遗址、邢窑遗址、献县汉墓群、下八里墓群、治平寺石塔、开福寺舍利塔、娲皇宫及石刻、正定文庙大成殿、阁院寺、开善寺、慈云阁、蔚州玉皇阁、万里长城——紫荆关、毗卢寺、万里长城——九门口、龙兴观道德经幢、天护陀罗尼经幢、晋察冀边区政府及军区司令部旧址、八路军一九二师司令部、镇朔楼	22
第五批	泥河湾遗址群、南庄头遗址、西寨遗址、代王城遗址、井陉窑遗址、元中都遗址、赵王陵、汉中山王墓、逯家庄壁画墓、北齐高氏墓群、梳妆楼元墓、临济寺澄灵塔、药王庙、昭化寺、鸡鸣驿城、幽居寺塔、定州贡院、溥仁寺、源影寺塔、泊头清真寺、普利寺塔、涿州双塔、南岸寺塔、释迦寺、腰山王式花园、古莲花池、庆化寺花塔、长城、大观圣作之碑、大唐清河郡王纪功载政之颂碑	30
第六批	爪村遗址、石北口遗址、北福地遗址、钓鱼台遗址、台西遗址、东先贤遗址、南阳遗址、讲武城遗址、常山郡古城、土城子城址、边关地道遗址、会州城、刘伶醉烧锅遗址、九连城城址、海峰镇遗址、小宏城遗址、大名府故城、邢国墓地、所药村壁画墓、隆尧唐祖陵、张柔墓、怡贤亲王墓、纪晓岚墓地、解村兴国寺塔、万寿寺塔林、宝云塔、修德寺塔、庆林寺塔、静志寺塔基地宫、净众院塔基地宫、天宫寺塔、圣塔院塔、西岗塔、兴文塔、成汤庙山门、柏林寺塔、正定府文庙、井陉古驿道、扁鹊庙、永桥、西古堡、福庆寺、时恩寺、寿峰寺、暖泉华严寺、真武庙、常平仓、蔚州灵岩寺、单桥、弘济桥、永年城、纸坊玉皇阁、大道观玉皇阁、邢台开元寺、伍仁桥、万全右卫城、洗马林玉皇阁、金门闸、大慈阁、承德城隍庙、普佑寺、净觉寺、京杭大运河、五礼记碑、宋璟碑、大佛顶尊胜陀罗尼经幢、山海关八国联军云盘旧址、北戴河近代建筑群、丰润学校旧址、义和拳议事厅旧址、育德中学旧址、保定陆军军官学校旧址、察哈尔都统筹旧址、布里留法工艺学校旧址、晏阳初旧居、潘家峪惨案遗址、中共晋冀鲁豫中央局和军区旧址、唐山大地震遗址、聚馆古贡枣园、金界壕遗址、下八里二区辽墓、宣化城墙、开元寺须弥塔	83

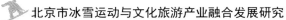

批次	名　称	数量（处）
第七批	四方洞遗址、化子洞遗址、孟家泉遗址、筛子绫罗遗址、三各庄遗址、哑叭庄遗址、万军山遗址、庄窠遗址、三关遗址、南城村遗址、涧沟遗址、补要村遗址、顶子城遗址、龟地遗址、北放水遗址、要庄遗址、伏羲台遗址、西张村遗址、柏人城遗址、鹿城岗城址、固镇古城遗址、付将沟遗址、东垣古城遗址、武垣城址、东黑山遗址、古宋城遗址、冀州古城遗址、后底阁遗址、临清古城遗址、隆化土城子城址禅果寺遗址、沧州旧城、板厂峪窑址群遗址、林村墓群、无极甄氏墓群、赞皇李氏墓群、宋祖陵、王处直墓、石羊石虎墓群、刘贺家族墓地、张家口堡、南贾乡石塔、佛真猞猁迤逻尼塔、大辛阁石塔、永安寺塔、伍侯塔、澍鹫寺塔、玉泉寺大殿、开化寺塔、双塔庵双塔、皇甫寺塔、半截塔、金山寺舍利塔、天宁寺前殿、长乐龙王庙正殿、平乡文庙大成殿、金河寺悬空庵塔群、定州清真寺、九江圣母庙、灵兽石牌坊、蔚县关帝庙、天齐庙、蔚州古城墙、故城寺、重光塔、永平府城墙、下胡良桥、普彤塔、滏阳河西八闸、天青寺大殿、保定钟楼、正定城墙、宣化柏林寺、卜北堡玉泉寺、方顺桥、登瀛桥、洗马林城墙、黄粱梦吕仙祠、井陉旧城城墙、沙子坡老君观、蔚县重泰寺、定州文庙、衡水安济桥、凤山关帝庙、淮军公所、清河道署、深州盈亿义仓、朱山石刻、封龙山石窟、水浴寺石窟、八会寺刻经、邢台道德经幢、卧佛寺摩崖造像、法华洞石窟、瑜伽山摩崖造像、木兰围场御制碑、摩崖石刻、马厂炮台、开滦唐山矿早期工业遗产、滦河铁桥、察哈尔民主政府旧址、直隶审判厅旧址、秦皇岛港口近代建筑群、光园、正丰矿工业建筑群、大名天主堂、耀华玻璃厂旧址、光明戏院、晋冀鲁豫边区政府旧址、晋察冀军区司令部旧址、中国人民银行总行旧址、宋辽边关地道、丛葬墓群、代王城墓群、长城、大运河	115
第八批	郛堤城遗址、贝州故城遗址、太子城遗址、西土城遗址、北张庄墓群、武安舍利塔、涞水龙岩寺塔、邢台清风楼、正定梁氏宗祠、涉县清泉寺、狄仁杰祠堂碑、曲里千佛洞石窟、左权将军墓、长城（马水口、样边、板厂峪）	14

表 3-4　北京市国家 AAAAA 级景区

序号	名　称	地区	级别
1	故宫博物院	东城区	
2	天坛公园	东城区	
3	圆明园遗址公园	海淀区	
4	颐和园	海淀区	
5	十三陵	昌平区	
6	八达岭长城风景名胜区	延庆区	

序号	名　　称	地区	级别
7	北京市奥林匹克森林公园	朝阳区	
8	慕田峪长城	怀柔区	AAAAA
9	恭王府	西城区	

表 3-5　天津市国家 AAAAA 级景区

序号	名　　称	地区	级别
1	天津古文化街旅游区（津门故里）	南开区	AAAAA
2	天津盘山风景名胜区	蓟州区	

表 3-6　河北省国家 AAAAA 级景区

序号	项目名称	所在地区	级别
1	西柏坡纪念馆	石家庄市平山县	
2	承德避暑山庄及周围寺庙景区	承德市	
3	山海关景区	秦皇岛市	
4	清东陵	唐山	
5	野三坡景区	涞水县	AAAAA
6	白石山景区	涞水县	
7	娲皇宫	涉县	
8	广府古城旅游景区	永年区	
9	安新白洋淀景区	安新县	

表 3-7　北京市国家级自然保护区

序号	名　　称	地区
1	北京松山国家级自然保护区	延庆区
2	北京百花山国家级自然保护区	门头沟区

表 3-8　天津市国家级自然保护区

序号	名　　称	地区
1	天津古海岸与湿地国家级自然保护区	滨海地区
2	天津蓟县中上元古界国家级自然保护区	蓟州区
3	天津八仙山国家级自然保护区	蓟县

表 3-9　河北省国家级自然保护区

序号	名　　称	地区
1	河北昌黎黄金海岸国家级自然保护区	秦皇岛市
2	河北小五台山国家级自然保护区	张家口市
3	河北泥河湾国家级自然保护区	阳原县、蔚县
4	河北大海坨国家级自然保护区	张家口市
5	河北雾灵山国家级自然保护区	承德市
5	河北围场红松洼国家级自然保护区	承德市
7	河北衡水湖国家级自然保护区	衡水市
3	河北柳江盆地地址遗迹国家级自然保护区	秦皇岛市
9	河北塞罕坝国家级自然保护区	承德市
10	河北茅荆坝国家级自然保护区	承德市
11	河北滦河上游国家级自然保护区	承德市
12	驼梁国家级自然保护区	石家庄市
13	青崖寨国家级自然保护区	武安市

表 3-10　北京市国家森林公园

序号	名称	地区	建园时间
1	北京西山国家森林公园	北京市海淀区、石景山区、门头沟区	1992 年
2	北京上方山国家森林公园	北京市房山区	1992 年
3	北京十三陵国家森林公园	北京市昌平区	1992 年
4	北京云蒙山国家森林公园	北京市密云区	1995 年
5	北京小龙门国家森林公园	北京市门头沟区	2000 年
6	北京鹫峰国家森林公园	北京市海淀区	2003 年
7	北京大兴古桑国家森林公园	北京市大兴区	2004 年
8	北京大杨山国家森林公园	北京市昌平区	2004 年
9	北京八达岭国家森林公园	北京市延庆区	2005 年
10	北京北宫国家森林公园	北京市丰台区	2005 年
11	北京霞云岭国家森林公园	北京市房山区	2005 年
12	北京黄松峪国家森林公园	北京市平谷区	2005 年
13	北京崎峰山国家森林公园	北京市怀柔区	2006 年
14	北京天门山国家森林公园	北京市门头沟区	2006 年
15	北京喇叭沟国家森林公园	北京市怀柔区	2008 年

表 3-11 天津市国家森林公园

名称	地区	建园时间
天津九龙山国家森林公园	蓟县	1997 年

表 3-12 河北省国家森林公园

序号	名称	地区	建园时间
1	河北海滨国家森林公园	秦皇岛市	1991 年
2	河北塞罕坝国家森林公园	承德市	1993 年
3	河北磬槌峰国家森林公园	承德市	1993 年
4	河北翔云岛国家森林公园	唐山市	1993 年
5	河北清东陵国家森林公园	遵化市	1993 年
6	河北辽河源国家森林公园	承德市	1996 年
7	河北山海关国家森林公园	秦皇岛市	1997 年
8	河北五岳寨国家森林公园	石家庄市	2000 年
9	河北白草洼国家森林公园	承德市	2002 年
10	河北天生桥国家森林公园	保定市	2002 年
11	河北黄羊山国家森林公园	张家口市	2004 年
12	河北茅荆坝国家森林公园	承德市	2004 年
13	河北响堂山国家森林公园	邯郸市	2004 年
14	河北野三坡国家森林公园	保定市	2004 年
15	河北六里坪国家森林公园	承德市	2004 年
16	河北白石山国家森林公园	保定市	2005 年
17	河北易州国家森林公园	承德市	2005 年
18	河北古北岳国家森林公园	保定市	2005 年
19	河北武安国家森林公园	邯郸市	2005 年
20	河北前南峪国家森林公园	邢台市	2006 年
21	河北驼梁山国家森林公园	石家庄市	2006 年
22	河北木兰围场国家森林公园	承德市	2008 年
23	河北蝎子沟国家森林公园	邢台市	2008 年
24	河北仙台山国家森林公园	石家庄市	2008 年

序号	名称	地区	建园时间
25	河北丰宁国家森林公园	承德市	2008 年
26	河北黑龙山国家森林公园	张家口市	2009 年
27	河北大青山国家森林公园	张家口市	2017 年
28	河北坝上沽源国家森林公园	张家口市	2019 年

表 3-13　北京市历史文化名镇名村

序号	名称	地区	类型
1	北京市密云区古北口镇	密云区	名镇
2	门头沟区龙泉镇琉璃渠村	门头沟区	名村
3	房山区南窑乡水峪村	房山区	
4	门头沟区斋堂镇爨底下村	门头沟区	
5	门头沟区斋堂镇灵水村	门头沟区	
6	顺义区龙湾屯镇焦庄户村	顺义区	

表 3-14　天津市历史文化名镇名村

序号	名称	地区	类型
1	天津市西青区杨柳青镇	天津市西青区	名镇
2	天津市蓟县渔阳镇西井峪村	天津市蓟县	名村

表 3-15　河北省历史文化名镇名村

序号	名称	地区	类型
1	永年县广府镇	邯郸市	名镇
2	邯郸市峰峰矿区大社镇	邯郸市	
3	井陉县天长镇	石家庄市	
4	涉县固新镇	邯郸市	
5	蔚县代王城镇	张家口市	
6	蔚县暖泉镇	张家口市	
7	武安市伯延镇	武安市	
8	武安市冶陶镇	武安市	

序号	名称	地区	类型
9	井陉县于家乡于家村	石家庄市	
10	清苑县冉庄镇冉庄村	保定市	
11	邢台县路罗镇英谈村	邢台市	
12	磁县陶泉乡北岔口村	邯郸市	
13	磁县陶泉乡花驼村	邯郸市	
14	磁县陶泉乡南王庄村	邯郸市	
15	怀来县鸡鸣驿乡鸡鸣驿村	张家口市	
16	怀来县瑞云观乡镇边城村	张家口市	
17	井陉县南障城镇大梁江村	石家庄市	
18	井陉县南障城镇吕家	石家庄市	
19	井陉县天长镇小龙窝村	石家庄市	
20	沙河市册井乡北盆水村	邢台市	
21	沙河市柴关乡绿水池村	邢台市	
22	沙河市柴关乡王硇村	邢台市	
23	沙河市柴关乡西沟村	邢台市	
24	涉县固新镇原曲村	邯郸市	名村
25	涉县偏城镇偏城村	邯郸市	
26	蔚县南留庄镇南留庄村	张家口市	
27	蔚县南留庄镇水西堡村	张家口市	
28	蔚县宋家庄镇大固城村	张家口市	
29	蔚县宋家庄镇上苏庄村	张家口市	
30	蔚县宋家庄镇宋家庄村	张家口市	
31	蔚县涌泉庄乡北方城村	张家口市	
32	蔚县涌泉庄乡北堡村	张家口市	
33	蔚县涌泉庄乡任家涧村	张家口市	
34	武安市石洞乡什里店村	邯郸市	
35	武安市午汲镇大贺庄村	邯郸市	
36	邢台县将军墓镇内阳村	邢台市	
37	邢台县路罗镇鱼林沟村	邢台市	
38	邢台县南石门镇崔路村	邢台市	
39	邢台县太子井乡龙化村	邢台市	
40	阳原县浮图讲乡开阳村	张家口市	

（二）冰雪体育健身旅游资源基本概况

京津冀地区拥有良好的气候条件，冬无严寒，雪也不易融化；经济发展水平和旅游发展水平为冰雪旅游的开发奠定了良好的基础；三省市已有发展冰雪旅游的体育设备和场馆设施，是中国滑雪产业发展的重要区域和示范区。

1. 冰雪运动场馆开发现状

根据《中国滑雪产业白皮书》发布的数据，截止到 2019 年，全国共有 770 家滑雪场，其中京津冀地区共有 99 家滑雪场（北京市 25 家、天津市 13 家、河北省 61 家），河北省滑雪场数量排全国第四位。国内共有架空索道滑雪场 155 家，架空索道总数 261 条，其中京津冀地区有架空索道的滑雪场数量共 36 家（北京市 13 家、天津市 1 家、河北省 22 家），河北省含架空索道的滑雪场数量排全国第二位；架空索道共 73 条（北京市 23 条、天津市 1 条、河北省 49 条），河北省架空索道数量居全国第一位。脱挂式架空索道全国共 60 条，京津冀地区共 24 条（北京市 3 条、河北省 21 条），河北省脱挂式架空索道数量排全国第一位。

现根据公开数据整理了京津冀地区的部分冰雪场所的开发情况（见表 3-16）。北京市的滑雪场，城区主要集中在朝阳区和海淀区；远郊区则主要集中于昌平区和密云区；滑冰场相对集中在朝阳区和海淀区（见表 3-17）。天津地区滑雪场和滑冰场主要集中于天津中部和平区。受地理位置限制，京津冀地区滑雪场的分布具有明显的空间集聚性，滑冰场受设施设备因素影响，在城区分布较多。

表 3-16　京津冀地区部分滑雪场及其开发概况

序号	项目名称	开发规模（平方千米）	开发现状	所属地区
1	石京龙滑雪场	0.3	北京石京龙滑雪场是全国最先采用人工造雪的滑雪场。雪场占地 600 亩，雪道总长 4600 米，高级滑雪道长 1000 米，垂直落差 300 米，最大坡度 30 度，平均坡度 16 度；中级道长 600 米，落差 135 米，最大坡度 28 度，平均坡度 14.6 度；初级道总长 3000 余米，平均坡度 2~6 度	北京市延庆区
2	军都山滑雪场	0.67	北京军都山滑雪场总滑行面积为 15 万平方米，有 7 条雪道，其中有一条目前国内难度系数最大的高级雪道，还有一块专供初学者使用的滑雪训练区	北京市昌平区

序号	项目名称	开发规模（平方千米）	开发现状	所属地区
3	雪世界滑雪场	0.5	北京雪世界滑雪场是距北京市中心最近的、最大的旅游滑雪场。雪道面积为 10 万平方米，具有中、高级滑道两条，长 500 米。并为初学者设计了国际标准滑道 3 条，长 380 米；单板滑道 1 条，长 380 米。此外，还建有雪地摩托车道、雪上飞碟道、儿童游乐天地戏冰园、戏雪园等	北京市昌平区
4	渔阳国际滑雪场	4	北京渔阳国际滑雪场竞技与娱雪结合，其规模设施与国际接轨。雪道占地面积 30 余万平方米，高级道 2 条、中级道 3 条、初级道 2 条、四人追逐赛道 1 条、雪圈道 2 条、雪地摩托道 1 条、单板公园 1 个	北京市平谷区
5	怀北国际滑雪场	10	怀北国际滑雪场属于 AAA 级景区，是北京市最早的滑雪场之一，也是北京地区唯一注册"国际"的国际型滑雪场。滑雪场内雪道总长 5.1 千米，落差约 238 米；雪道由 1 条高级道、3 条中级道和 4 条初级道、1 座滑雪公园以及 1 座戏雪乐园组成，4 条拖牵道，1 条"魔毯"，是北京地区雪道最长、规模最为宏大的国际级滑雪场地	北京市怀柔区
6	南山滑雪场	1.44	北京南山滑雪场现已建成初、中、高级滑雪道以及教学道和娱雪道共 26 条。3 条四人吊椅滑雪缆车，大小地面拖牵 13 条，自动循环"魔毯"9 条	北京市密云区
7	云佛山滑雪场	4.5	云佛山滑雪场是一大型综合性滑雪旅游胜地。滑雪场现有国际标准长度为 1000 米的高级道 1 条，300～700 米长的中级道 3 条，100～300 米长的初级道 4 条，600 米长的雪地摩托车道 1 条	北京市密云区
8	莲花山滑雪场	0.67	北京莲花山滑雪场已开设初、中、高级雪道共 7 条，2 条高级道、3 条中级道、2 条初级道，另辟有雪圈道、雪地摩托道等	北京市顺义区
9	乔波冰雪世界室内滑雪馆	0.06	乔波冰雪世界室内滑雪馆是由前世界冠军叶乔波女士倡导兴建的，包括单板、双板、戏雪等多项娱乐运动。初级道长 200 米，宽 40 米，平均坡度 8%，引进了国际先进拖引设备"魔毯"；中高级道长 300 米，宽 40 米，平均坡度 17%，使用拖牵伸缩杆式索道登上滑雪场的最高点；滑雪馆还专门建有儿童戏雪乐园	北京市顺义区

续表

序号	项目名称	开发规模（平方千米）	开发现状	所属地区
10	云居滑雪场	0.8	云居滑雪场拥有高、中、初级滑雪道 8 条，雪道总长 5000 米，平均宽度 45 米，最大落差 208 米，最大坡度 25 度。滑雪道布局合理，达到国内高级滑雪道标准。雪场拥有 1 条四人吊椅高空索道、各类拖牵 5 条、"魔毯" 3 条。滑雪场单独设有雪地公园区域，长度 550 米，宽度 45 米，坡度 13 度	北京市房山区
11	天津市蓟州国际滑雪场	0.47	蓟洲国际滑雪场是天津地区建设规模最大、雪道设计最专业、设备最先进的滑雪场，也是天津市唯一一家与国际滑雪组织开展对外交流的雪场。雪场设有初级道、中高级道、S 道不同级别的滑雪道，还建有雪圈、雪地摩托等娱乐项目区域	天津市蓟县
12	蓟县玉龙滑雪场	0.13	玉龙滑雪场是天津市首家大型滑雪场，建有初级滑道 2 条，中级滑道 2 条，雪圈道 1 条。各雪道平均宽度 50 米，最大坡度达 17 度	天津市蓟县
13	蓟县盘山滑雪场	0.08	滑雪场设有 2 个中级滑雪区、4 条初级雪道、初学者练习区和儿童戏雪区。有大拖牵 2 条、小拖牵 6 条、雪地摩托艇 6 辆	天津市蓟县
14	南高基·飞翔生态滑雪场	0.02	南高基滑雪场备有缆车 2 条，长度分别为 118 米和 268 米，多级雪道，"魔毯" 等全方位娱乐设施，还有 5 千多平方米银白色的童话世界	河北省石家庄市
15	秦皇古道滑雪场	0.002	秦皇古道滑雪场功能齐全，设施完备，雪场内设有滑雪运动区、娱乐活动区等。滑雪区设有中级道 2 条、初级道 2 条、练习道 1 条。娱雪活动区开辟滑雪圈道、儿童雪橇、雪雕区等	河北省石家庄市
16	西柏坡温泉滑雪场	0.4	西柏坡滑雪场设有滑雪道 3 条，雪道长 4200 米，落差 143 米，由 1 条高级道、1 条中级道和 1 条初级道组成。除滑雪外，还建有雪圈、雪上飞碟、雪地摩托等多种娱乐项目	河北省石家庄市
17	红崖谷滑雪场	0.03	红崖谷滑雪场总占地 18000 平方米，戏雪区 13000 平方米，建有初级、中级道和雪圈滑道以及游戏区	河北省石家庄市
18	长城岭滑雪场	15	长城岭滑雪场目前建有初、中、高级 4 条雪道，总面积 16 万平方米，最高海拔 2100 米，垂直落差为 380 米。其中：初级道长 300 米，宽 80 米，坡度为 6 度；中级道长 1000 米，平均宽度 40 米，平均坡度为 14 度；高级道与中级道之间的引道 750 米，平均宽度 12 米，平均坡度为 13 度；高级道全长 1600 米，平均宽度 50 米，平均坡度 20 度	河北省张家口市

序号	项目名称	开发规模（平方千米）	开发现状	所属地区
19	五指山滑雪场	0.15	五指山滑雪场建在国家 AAAA 级景区——五指山境内。雪场现有雪具 1200 套，雪圈、雪橇等戏雪设备 300 套；总长 720 米的拖牵索道、"魔毯" 3 条，总长 1500 米的初、中、高级滑道 3 条及 8000 平方米的戏雪区	河北省邯郸市
20	邯郸室内滑雪馆	0.01	场馆内滑雪道宽 42 米，长 140 米，有能同时满足初学者和滑雪爱好者滑雪的 180 米滑雪道和戏雪雪圈道。戏雪娱乐区内有雪圈道、冰雪滑梯等游乐项目	河北省邯郸市
21	永定河自行车公园滑雪场	0.2	永定河自行车公园滑雪场位于亚洲体量最大的永定河自行车运动公园内，滑雪场建有初级道 2 条，长度 350 米；中级道 2 条，长度 450 米；雪圈道 10 条，长度 100 米，分为急速道、冲天道、速降道，供儿童、青少年娱乐。另有冰雪嘉年华及儿童乐园、雪地摩托、火车、旋转、飞碟等娱乐项目	河北省廊坊市
22	燕塞山滑雪场	0.67	燕塞山森林滑雪场有高级道 2 条、中级道 2 条、S 道 1 条、初级道 2 条和 1 条雪圈道供游客使用。雪道总长 3000 余米，落差 300 多米，最大坡度 45 度，平均坡度 20 度，地形起伏明显，视野明朗开阔，适合滑雪初级和专业训练。除滑雪外，这里还有雪地摩托、雪橇、滑圈道、儿童滑雪区等多种娱乐项目	河北省秦皇岛市
23	天女运动山谷滑雪场	—	天女运动山谷滑雪场设有零基础练习区（5000 平方米）、初级道（长 180 米，最大坡度 9 度）、初中级道（长 350 米，最大坡度 17 度）及中级道（长 280 米，最大坡度 23 度）。戏雪乐园占地约 14000 平方米，包含各种主流大、中、小规模戏雪产品。雪圈道每条长 140 米，分为 6 条直线道、4 条波浪道、1 条 S 弯道，由 "魔毯" 承担运载。冰上娱乐区占地约 5000 平方米，包含冰上自行车、冰爬犁、冰陀螺、冰上碰碰车、冰上摇摇车等多种最新款游乐设备	河北省秦皇岛市
24	玉龙湾滑雪场	—	玉龙湾滑雪场雪道总长 30 千米，将建成国内首家单双板分区的滑雪场。东山头单板滑雪场将建成 1600 米高级雪道 2 条，四人追逐赛道 1 条。为单板发烧友打造的单板公园内大小跳台、彩虹桥、单板墙、不同造型铁杆、U 型槽等一应俱全，配备四人高速缆车 1 条。南山头综合滑雪场将建成高级雪道 1 条、中高级雪道 2 条、中级雪道 1 条。娱雪方面配有雪圈道 1 条、雪地摩托车道 1 条、雪地儿童乐园 1 个、雪地宠物乐园 1 个	河北省唐山市

序号	项目名称	开发规模（平方千米）	开发现状	所属地区
25	丰润燕东滑雪场	0.8	丰润燕东滑雪场位于唐山燕东生态园区内，占地 80 公顷，投资 500 多万元，具有 400 米的中级滑道、200 米的初级滑道及 80 米的雪上飞碟滑道，是目前唐山地区最大的滑雪圣地	河北省唐山市

注：数据截止到 2020 年 12 月。

表 3-17　京津冀地区部分滑冰场

序号	滑冰场名称	所在地区
1	北京国贸滑冰场	北京朝阳区
2	北京大悦城冠军冰场	北京朝阳区
3	全明星北京蓝港店	北京朝阳区
4	全明星北京龙湖店	北京朝阳区
5	浩泰冰上运动中心	北京朝阳区
6	马泉营冰场	北京朝阳区
7	世纪星滑冰场	北京朝阳区
8	全明星北京长楹天街店	北京朝阳区
9	华星冰上运动中心（博大路）	北京朝阳区
10	华星冰上运动中心（北京黄港）	北京朝阳区
11	小狼国际冰上运动中心	北京朝阳区
12	陈露国际冰上中心	北京朝阳区
13	奥众冰上运动中心	北京朝阳区
14	奥森冰世界冰上运动中心	北京朝阳区
15	浩泰冰上中心（兴隆森林公园店）	北京朝阳区
16	北京浩泰（新世界）冰上运动中心	北京海淀区
17	北京世纪金源冠军冰场	北京海淀区
18	五彩冰酷运动中心	北京海淀区
19	五棵松冰世界体育乐园	北京海淀区
20	首体综合冰场	北京海淀区
21	宏奥冰上运动发展中心	北京海淀区

序号	滑冰场名称	所在地区
22	昆仑鸿星小浪俱乐部（天秀路馆）	北京海淀区
23	北京世纪坛冰场	北京海淀区
24	华星阜石路冰上中心	北京海淀区
25	通州东奥滑冰场	北京通州区
26	北京浩泰天通苑龙德冰上运动中心	北京昌平区
27	华星冰上运动中心（西三旗）	北京昌平区
28	华星冰上运动中心（沙河基地）	北京昌平区
29	世纪星滑冰场（万科长阳半岛店）	北京房山区
30	浩克冰上中心（黄村店）	北京大兴区
31	龙湖天街喜悦冰场	北京大兴区
32	启迪宏奥冰上运动发展中心	北京石景山区
33	北京冰之宝国际滑冰馆	北京丰台区
34	密云体育中心滑冰场	北京密云区

2. 冰雪运动场馆的开放现状与运营模式

据第六次全国体育场地普查显示，京津冀地区的冰雪场地开放形式为三类：不开放、部分时间段开放、全天开放。其中，不开放场馆占比较小，分时段开放的场馆占比达到半数以上。室外冰雪运动场地因受天气因素影响较大，开放时间一般为3~4个月，而室内冰雪运动场地的开放时间接近一整年。总体来说，冰雪场地的利用率较可观。此外，京津冀地区的冰雪场地运营模式分为自主运营、合作运营和委托运营三类，其中自主运营模式占比较大。

（三）京津冀地区旅游资源评价

1. 京津冀地区旅游资源空间分布

京津冀地区旅游资源空间分布总体上呈现出聚集分布的特点，分布不均匀，且在个别地区集聚程度较高。冰雪旅游资源具有区域集聚性，并且区域范围旅游资源高度集聚，有利于带动边缘地区冰雪旅游发展。

2. 京津冀地区冰雪旅游资源评价

（1）京津冀地区具备优良的资源条件。京津冀地区拥有天然的地形地貌条件，是华北地区最具潜力的天然滑雪区域，其中河北省张家口地区雪资源较好，滑雪期长。虽然京津地区气候优势不突出，但两地高超的人工造雪技术弥补了这一不足。此外，依靠京津冀一体化发展战略，三省市互相依托、优质资源共享，具有发展冰雪旅游产业的经济基础和技术资源。目前，以万龙滑雪场、太舞滑雪场等为代表的国际滑雪场已具备较高的国际化接待水平，其他滑雪场设施设备、滑雪环境等也较为完善。

（2）冰雪旅游产业市场前景广阔。首先，北京是国际化都市，对国外游客的旅游吸引力较强，可以吸引大批的国际滑雪爱好者。京津冀地区目前是我国冰雪旅游资源聚集区，并且已有高效率的国际滑雪场投入运营，能够满足国际滑雪爱好者的需求。其次，冰雪运动目前在我国普及程度较低、国民参与度不高。借助举办冬奥会的契机，国家大力推广冰雪运动，进行冰雪运动宣传，民众对冰雪旅游的情绪逐渐高涨，未来冰雪旅游产业有巨大的发展潜力。最后，与亚洲其他国家相比，我国冰雪旅游产业目前处于上升期，日本处于缓慢下降的阶段，并且京津冀地区的滑雪季比韩国长，所以京津冀地区发展冰雪旅游具备国际竞争优势。

三、京津冀地区冰雪文化旅游可持续发展对策建议

（一）推进京津冀地区冰雪产业融合发展

积极推进冰雪产业融合，优化冰雪产业结构，实现冰雪产业多维联动发展。新型冰雪产业融合的发展与创新已成为我国冰雪产业发展趋势，更是延伸冰雪产业链、提升冰雪产业价值的一种内在需要。在"丰富产品和服务供给不断满足人民群众日益增长的冰雪运动需求"的情况下，多样化、多层次的冰雪消费需求除了来自冰雪产业自身之外，更需要冰雪产业与其他产业融合发展形成的新业态、新产品来满足市场需求。

1. 京津冀地区优质文化旅游资源与冰雪产业融合发展

京津冀区域是中国经济最发达的城市群之一，旅游资源类型丰富，特色突出，高质量旅游资源数量众多、分布广泛。从地理方位来讲，京津冀地区地貌类型多样，名山胜景众多。地形上分属冀北山地、太行山地和华北平原，自然旅游资源极其丰富。北京境内有军都山、灵山、百花山等，东南侧有明十三陵，是明代帝王的陵墓。天津境内有盘山，盘山风景区是著名的生态旅游景点。河

北省境内有小五台山，风景优美。此外，河北省境内有众多的海水浴场和避暑胜地，如北戴河、昌黎海岸等。历史文化方面，京津冀地区历史悠久，名胜古迹众多，汇集了周口店北京猿人遗址、长城、明清皇宫、承德避暑山庄及周围寺庙、颐和园、天坛、明清皇家陵寝7处世界文化遗产，资源品位度高。现代化建设方面，京津冀地区城市现代化水平较高，是我国重要的工业基地和城镇聚集地。北京是古都风貌与现代化大都市风貌相交融的城市，中心建筑以古风为主，外围则多以现代化建设为主。天津是北方综合性工商业城市、重要港口和接待国际会议的重要城市，现代大都市风貌明显。石家庄、唐山、邯郸等一批区域中心城市的建设也卓有成效，属于优质旅游目的地。

面向消费者日益丰富的旅游需求，文化旅游融合发展是当前旅游发展的主要方向。首都厚重的文化积淀与京津冀多元的旅游资源，为区域冰雪文化旅游产品设计提供了巨大的优势。2019年末，北京市文化和旅游局推出了15条不同主题的冬季特色旅游线路和15条北京冬季自驾线路，整合了北京优势冰雪文化资源，从参与冰雪运动、观看精彩文博演出等角度，设计出冰雪节庆体验、冰雪自驾休闲、冬季冰雪游学等不同产品。2021年春节期间，北京古北水镇举办"长城脚下过大年"活动，通过挖掘与长城有关的历史文化与民风民俗，以老北京文化为主线，融合冰雪文化、节庆文化等，打造了具有水镇特色的冰雪嘉年华活动，既拉近了人们与冰雪运动的距离，又展现出深厚的文化底蕴。文化和旅游、体育和旅游相融合的产品，获得了较好的市场反响，丰富了冬季旅游市场的供给，也更进一步增强了京津冀冰雪旅游的独特性。

2. 长城文化带与冰雪产业融合发展

长城作为中华民族文化的伟大象征和国家形象标识，是特定历史条件和自然环境下的有着深刻时空概念的产物，是人类社会现存最为宏伟的文化遗产之一。长城所有区域目前大部分在北京、天津、河北省全境、辽中南和西北地区的北部沿线，尤其集中在京津冀一带。单就河北省而言，万里长城横穿河北，与京、津相连接，在河北境内长达2498.54千米[①]，精华地段20余处，大小关隘200多处，是长城保存最为完整、最具代表性的区段。

2019年7月24日，中央全面深化改革委员会第九次会议审议通过了《长城、大运河、长征国家文化公园建设方案》，给保护、传承和弘扬长城文化精

---

① 中国旅游报. 河北：力争成为长城保护利用传承的样本［EB/OL］. http：//www.hebeitour.gov.cn/Home/ArticleDetail？id=12015，2020-12-23.

神，促进沿线区域综合开发带来了契机。从冰雪旅游资源的空间布局来看，京津冀冰雪旅游资源分布与长城文化带有较高的空间吻合度，特别是北京北部郊区和河北崇礼地区，都与长城文化带高度吻合，为两类旅游资源融合发展提供了良好基础。从我国冰雪旅游市场开发来看，除冰雪运动设施外，主要的吸引力在于文化独特性和地方性，长城作为京津冀地区具有国际影响力的文化 IP，冬季冰雪旅游的开发有利于京津冀地区通过发挥长城文化的吸引力作用吸引国际游客，并带动区域内旅游相关产业的发展。

3. 温泉旅游与冰雪产业融合发展

京津冀地区是我国温泉集中地带，地热温泉资源丰富，先天具有发展温泉休闲度假的独特优势。当前京津冀地区温泉发展处于温泉疗养、温泉旅游、温泉休闲相互并存的阶段，并有逐渐向温泉休闲度假发展的趋势。京津冀温泉主要是"各种室内主题+露天温泉"的开发模式。目前，京津冀地区共有温泉景区 109 处（北京市 63 处、天津市 16 处、河北省 30 处），津冀地区温泉数量较少，其温泉休闲度假旅游尚处于起步阶段。京津冀地区各省市的温泉数量分布如图 3-7 所示。

近年来，京津温泉企业总体数量有所增加，档次也有所提升；目前温泉项目发展的档次、水平参差不齐，既有以北京九华山庄温泉为代表的温泉疗养项目，也有最新发展起来的一批如北京春晖园、秦皇岛渔岛菲奢尔温泉、天津恒大世博温泉等质素相对不错的温泉休闲项目，且这些新的温泉项目整体发展所处的层次较高，其在产品设计、消费体验上比其他温泉均有所提升。

温泉康养旅游一直是冬季游客比较青睐的旅游项目，此外，根据国际冰雪旅游经验来看，冰雪旅游与温泉康养的结合获得了大量消费者的认可，温泉成为冰雪旅游目的地和消费者的重要选项，如日本"冰雪+温泉旅游"的形式在全球游客中都得到了较好的市场反馈。冬季旅游除了赏雪、赏冰、滑雪，泡温泉也是重要主题，《中国冰雪旅游消费大数据报告（2019）》显示，前往冰雪目的地泡温泉，感受冰火带来的双重刺激，正成为游客近年来消费的热点。冰雪目的地人气最高的十大温泉分别是花溪地温泉生态乐园、国信南山温泉、清河半岛温泉、关东文化园、成园温泉山庄、御龙温泉、美丽岛温泉、宾县英杰温泉、浴龙谷温泉度假村和弓长岭温泉滑雪场，主要集中在东北地区。旅行社针对游客的新需求，推出了温泉和滑雪的套餐，受欢迎程度也非常高。利用好温泉旅游资源，进一步推进冰雪资源与温泉旅游资源的深度融合发展，对提升首都及京津冀区域冰雪旅游具有良好的意义。

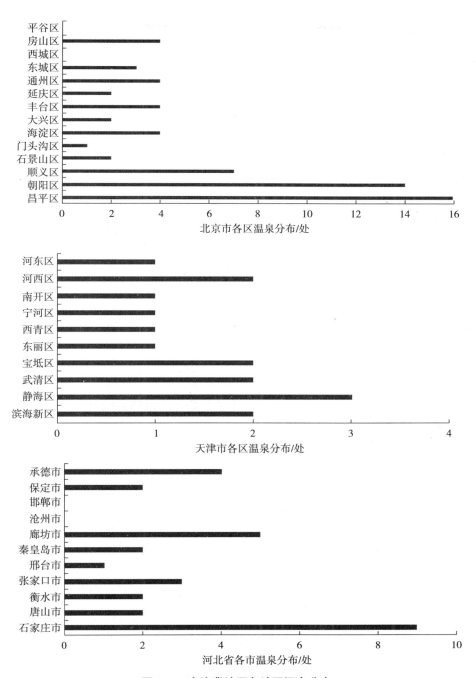

图 3-7 京津冀地区各地区温泉分布

4. 举办滑雪节庆，推广冰雪文化

节事活动是吸引国内外消费者和打造城市旅游品牌的有效途径之一，对目的地的社会经济、旅游相关产业都有至关重要的推动作用。张家口市崇礼地区是 2022 年冬奥会雪上项目的主要竞赛场地之一，中国·崇礼国际滑雪节从 2001 年至今，已成功举办了 20 届。每一届滑雪节都是向全国乃至全球展示崇礼滑雪旅游发展进程和成果，对外进行生态、文化、旅游和科技交流的盛会。"崇礼滑雪"已成为张家口市的一张名片，正逐步走出国内，走向世界，被称为"著名亚洲滑雪胜地"。每一届崇礼滑雪节都会吸引全世界的冰雪运动爱好者前来参加活动、旅游观光，据河北省政府公开的信息显示，2018—2019 年雪季崇礼全区共接待游客 252 万余人次。20 届滑雪节累计接待滑雪旅游人次达到了千万以上，且游客涉及六大洲的国家和地区。图 3-8 为以"崇礼滑雪场"为关键词的百度指数，可以看出，搜索量的变化情况与滑雪节庆举办时间保持一致，在 11 月到第二年 4 月为高峰期。

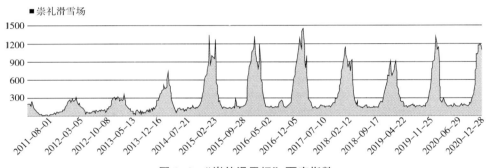

图 3-8 "崇礼滑雪场"百度指数

目前，得益于京张冬奥会的成功申办，越来越多的民众参与到冰雪运动中来，滑雪节与滑雪旅游是相辅相成的关系，商机无限的滑雪旅游也为滑雪节更加兴旺创造了良好条件。崇礼国际滑雪节也正在朝着塑造高质量国际滑雪胜地的更高目标前进。中国·崇礼国际滑雪节不仅吸引了更多人参与到冰雪运动中，崇礼也被越来越多的人选为旅游目的地。京津冀地区加大对滑雪节庆的投入，有利于推广冰雪文化，鼓励更多人参与到冰雪运动中来。此外，滑雪节庆的举办有利于带动京津冀地区冰雪产业和旅游产业产品结构调整以及整体服务水平提高。

（二）构建京津冀区域发展新格局

1. 打造便捷的交通网络，推进区域交通互联

借助京津冀一体化发展和冬奥会筹办的契机，完善京津冀地区的交通网络设施。首先，重视区域间公路运输建设。京津冀地区各城市之间交通运输主要依赖于公路运输，因此，进一步加大对高等级公路运输投资力度，提高公路运输能力，既可以带来经济效益，又可以带来社会效益。其次，完善铁路运输网络，不断优化铁路运输结构，充分发挥铁路优势，着力打造具有区域特色的高铁经济带。最后，积极调整交通运输结构，建设综合交通运输体系，加大交通运输技术的研发投入和推广使用，逐步构建区域间互联互通、协调发展、资源整合、层次分明、一体化衔接的综合交通运输体系，提高交通投资整体效率，促进地区经济的发展。

2. 完善基础设施建设，推动区域数字化发展

基础设施建设是国民经济发展的重要基础，其建设与发展水平在一定程度上可以决定一个国家和地区持续发展的能力，与之相关的区域交通网络、医疗服务水平、邮政通信等公共服务设施已成为地区经济增长和高质量发展的重要一环。京津冀地区具备高密度人口容纳和高质量经济发展潜力，可以加快推进地区 5G、互联网、大数据中心等信息基础设施建设，同时在铁路、公路、通信和医疗等传统设施进行数字化改造升级。首先，以支撑区域经济社会数字化转型、实现智能化发展为目标，加快构建互联网时代的关键基础设施。其次，不断完善京津冀地区数据中心建设，启动云计算区域数据中心统筹规划建设，推动人机协同发展、跨域集成深度学习、人工智能等基础设施发展。最后，鼓励企业立足行业需求开展技术创新和商业模式创新，通过给予相关企业政策优惠等有效方式，形成一批可类比、可复制、可推广的优秀案例，支持技术复制推广和全域应用场景更新。

3. 扶持重点产业，拉动区域发展

重点产业高质量发展可以对地方产生良好的经济效益和社会效益，2022 年京张冬奥会的筹办为主办城市带来新的发展机遇和上升发展空间。借力冬奥会筹办契机，促进我国冰雪产业的发展与优化升级，推动京津冀地区旅游发展，培育新的经济增长点。当前，冰雪运动产业是我国最具发展前景的朝阳产业之一，京津冀地区又拥有夯实的冰雪产业基础和优质的文化旅游资源，可以借机打造全新的冰雪运动品牌，进一步完善冰雪相关产业结构。

首先，京津冀利用区位优势联合建设冰雪文化和冰雪装备产业园，积极搭建产需对接平台。冰雪运动具有较高的专业性，需要专业的服装和器材作为保障。但是我国冰雪体育用品生产企业的技术能力较差，冰雪装备和器材仍主要依靠进口。所以，建设冰雪装备和器材产业园对发展冰雪运动至关重要。其次，充分利用国家冰雪产业促进工程。根据《冰雪运动发展规划（2016—2025年）》，2025年，我国将建立5个产业规模较大、集聚效应明显的国家冰雪产业示范基地，20个高知名度和影响力的国家冰雪产业示范企业，20个特色鲜明、竞争力强的国家冰雪产业示范项目。京津冀地区应借助冬奥会契机，充分利用国家冰雪产业促进工程，在冰雪产业示范基地、示范企业和示范项目中争取最多的发展机会和政策支持。最后，重视冰雪产业人才培养。高素质的冰雪运动人才不仅是冬奥会顺利举办的关键，也是我国大力发展冰雪产业、提升冰雪运动国际竞争力的基础。北京和张家口作为冬奥会举办城市，应充分发挥冰雪运动城市的地域优势，制定冰雪人才引进相关优惠政策，吸引国内外优秀冰雪人才。构建冰雪人才公共服务平台，完善冰雪产业人才服务，加强与国内外冰雪运动城市之间的人才交流合作，建立专业化的人才培养基地。多措并举，通过扶持京津冀地区冰雪相关产业的发展来拉动整个京津冀地区的经济增长。

（三）冬奥会可持续发展管理

1. 充分利用奥运遗产，践行可持续发展理念

2008年北京奥运会遗留下了丰富的遗产，2022年北京冬奥会很大一部分是在利用2008年奥运遗产的基础上进行了创新和发展。北京冬奥会秉持可持续发展和"廉洁办奥"的理念，将最大限度利用好2008年北京奥运会的众多奥运遗产，尤其是在场馆和基础设施建设方面。冬奥会北京赛区的竞赛和非竞赛场馆，其中11个为2008年北京奥运会遗产。鸟巢是奥运会开闭幕式场馆，也是目前国内最大的多功能体育场，将承办冬奥会开闭幕式。国家游泳中心水立方实现"水冰"功能转换，变身为设有4条冰道的标准冰壶赛场。五棵松体育馆将被作为2022年北京冬奥会冰球比赛场馆，6小时就能实现篮球场地向冰球场地的转换，在满足北京冬奥会需求的基础上，将兼顾赛后利用。国家速滑馆"冰丝带"是北京冬奥会唯一新建的冰上项目竞赛场馆，是在2008年北京奥运会时曲棍球和射箭的临时场地上建设而成的，北京冬奥会赛时将举办速度滑冰比赛，赛后还将成为北京首家四季运营的多功能冰上场馆。

除了场馆的有效利用外，冬奥会还将充分借鉴利用2008年北京奥运会留下

的无形遗产——志愿者精神。2008 年北京奥运会录用了来自海内外 90 多个国家和地区的上万名志愿者参与赛事服务工作，更有百万人参与社会志愿者工作，他们生动地体现了奥运精神和中华民族的传统美德。在经历过 2008 年北京奥运会洗礼之后，我国已经积累了许多宝贵经验，冬奥会志愿服务工作将以北京奥运会的志愿服务模式为基础，深入完善冬奥志愿服务体系，全面提升服务水平。虽然冬奥会与 2008 年北京奥运会在举办季节、运动项目、组织模式等方面存在不同，但是冬奥会志愿者也是奥运精神的传播者，是志愿精神的践行者。在筹办冬奥会的过程中，"北京模式"的借鉴、志愿者培训及服务体系的建构以及志愿意识的提升等精神遗产也都将在 2022 年北京冬奥会遗产规划与发展当中得到进一步的体现。

2. 低碳环保，打造绿色冬奥

2019 年 2 月，北京冬季奥林匹克运动会组织委员会（以下简称冬奥组委）发布了《2022 年北京冬奥会和冬残奥会遗产战略计划》，其中明确要求落实"绿色办奥"的理念，坚持生态优先、资源节约、环境友好。与此同时，2022 京张冬奥会将成为奥运历史上第一届全部使用绿色清洁电能的奥运会。

为推动北京冬奥会绿色雪上运动场馆建设，京津冀三省市共同编制《绿色雪上运动场馆评价标准》，要求北京冬奥会所有雪上场馆通过该评价标准的认证。北京冬奥会场馆在设计和建设的过程中，大量使用最新绿色技术，应用清洁和可再生能源、节能节水设备等先进超低能耗建筑技术，最大限度节约资源，旨在建设健康、环保、绿色的冬奥场馆。其中，张家口赛区作为冬奥会主要的雪上比赛赛区，将设置"低碳奥运专区"，实现奥运场馆所有建筑采用可再生能源供热。在制冰技术方面，国家速滑馆将采用目前世界上最环保的制冰技术——二氧化碳跨临界直接制冷，这是全球首个采用此技术的冬奥场馆，碳排放趋近于零，相比传统制冷方式，制冰效能可提升 30%。另外，首都体育馆园区的 4 块冰面也采用了二氧化碳制冰技术；五棵松冰上运动中心在使用二氧化碳制冰的基础上，首次引进溶液除湿系统，与传统的除湿方式相比，该系统可以降低能耗约 50%。

3. 奥运精神持续传承

奥林匹克运动会不仅是一场关于体育运动的比赛，更是涉及各类文化产业、社会风气、经济效益、生活方式等各个层面的综合活动。举办冬奥会不仅可以使奥林匹克知识迅速普及，体育健身活动全面展开，也可以使奥林匹克精神深入广大国民心中并进一步提升国民的文化素质。

（1）广泛开展奥林匹克教育，振兴现代教育理念。青少年是世界的未来，也是体育运动的储备人才，更是奥林匹克精神可持续传承的主要群体。北京冬奥会通过多元化的公众宣传、教育平台、举办各类活动等形式，在全国4亿多青少年中广泛开展奥林匹克知识教育活动，让更多青少年了解并接触冬季运动，深刻理解奥林匹克精神以及与之相关的体育精神。《"健康中国2030"规划纲要》中提出要实施青少年体育活动促进计划以及因地制宜发展冰雪等户外运动。借冬奥会筹办契机，冬奥组委会同教育部门通过举办学生体育节、文化节、冬季运动赛事活动等，引导中小学生积极参与和支持北京冬奥会，传达和积累无形的奥运精神。

（2）引导健康生活方式，提升国民身体素质。2018年9月，国家体育总局公布《"带动三亿人参与冰雪运动"实施纲要（2018—2022年）》，提出"带动三亿人参与冰雪运动"的惠民目标。此目标的实质是以冬奥会为契机促进大众参与冰雪运动。首先，通过完善冰雪运动人才培养机制，加强体教结合，提高教练人员整体素质，以及加强竞技体育人才的政策保障，实现竞技体育人才的可持续发展。其次，通过构建群众冰雪运动服务体系，满足人民群众多样化冰雪运动需求，发挥全社会资源优势，加强场地设施建设。此外，推广全民传统健身运动与冰雪运动相结合的活动，吸引更多的人积极参与到冰雪运动中来，传递健康向上的生活理念，提升整体国民身体素质。

（3）加强国际文化交流，提升国际影响力。奥运会历来是国际化的文化盛会，在冬奥会上会有不同国家、不同民族、不同阶层、不同肤色、不同文化背景的人聚集在一起。在赛场上，他们奋斗、拼搏、挥洒着汗与泪；在赛场下这是实现世界多种文化碰撞、交流、学习、借鉴的平台。不同的文化在相通的领域内碰撞，达到更高意义的交融，从而实现各国文化的相互交流、相互借鉴，实现各种文化的取长补短、共同发展。冬奥会的举办给了中国一个舞台来全方位地展示中华文化，并得以近距离地理解、学习世界其他优秀文化。同时，这是中国在国际上树立崭新形象的良好机会，可利用这一有利时机扩大中国在国际上的影响，促进中国与世界各国的交流与合作。

第四章
把握产业融合内生动力与机制

一、冰雪运动驱动产业融合发展的基本模式

（一）延伸式融合模式

1. 产业链延伸模式

产业链延伸模式指的是冰雪运动产业中的龙头企业向前或向后延伸产业链，实现"产+销""吃、住、行、游、购、娱一体化"的发展模式。在与其他产业融合发展的基础上进行产业链的延伸，把价值链和利益都留在冰雪运动内部。在北京冰雪旅游产业集群中，滑雪企业是当之无愧的龙头。例如，崇礼滑雪场当前共有万龙、云顶、多乐美地等 7 家滑雪场，以滑雪产业为龙头主业，通过积极招商引资，引导滑雪企业实现滑雪观光、滑雪赛事、技能培训、装备制造等一体化发展模式。构建低耗高效的京张冰雪产业集群是当前冰雪运动产业融合发展的重要内容，围绕北京冰雪运动的核心产业打造产业链上下游，打破不同业态壁垒，实现多元业态跨界融合、良性共生[①]。通过不断优化产业结构，延伸产业链与价值链，增强产业的核心竞争力，实现各产业间的优势互补，构建产业生态圈和消费体验链。

2. 多功能拓展模式

冰雪运动完全可以打破地域、季节、人群、文化的限制，并且具有全民健身、体育文化普及、产业升级等多维度的意义[②]。充分发挥冰雪运动产业的生

---

① 郑正真. 产业融合视角下文商旅体融合发展策略研究——以成都市为例 [J]. 四川旅游学院学报，2020（2）：34-39.

② 季芳. 中国冰雪运动全面升级 [EB/OL]. https：//baijiahao. baidu. com/s？id＝1629659635170099609&wfr＝spider&for＝pc，2019-04-02.

态、文化功能，依托冰雪自然资源、民风习俗、特色运动等，推进冰雪运动与旅游、文化、体育等产业相融合，以功能融合为基础，项目拓展延伸，形成集体验、休闲、创意于一体的多功能拓展模式。鼓励冰雪运动场地开发大众化冰雪旅游项目，建设一批融滑雪、登山、徒步、露营等多种健身休闲运动于一体的体育旅游度假区或度假地。促进冰雪产业与相关产业深度融合，增强产业创新能力，提供多样化产品和服务。例如，俄罗斯 2014 年索契冬奥会结束后，借助奥运场馆，在冰雪运动产业的基础上进一步规划发展，在索契沿海地区建成一个拥有全方位旅游基础设施的新城市区域——海滨酒店和公寓、餐厅和咖啡馆、电影院和购物中心、精品店和商店以及商业中心，为了发展和更新城市的旅游基础设施，几十个场馆已被建造，包括酒店、购物中心、会议中心、餐馆和咖啡馆、除了运动员村的改造，罗莎库托山奥运村还将建造四家现代化酒店。Gorki Gorod 媒体村将成为四季皆宜的山区度假胜地，这个媒体村一次可以接待 5 万名游客，论坛、大会、电影首映式、音乐会和电影节将在这里举行。京张地区旅游、文化、体育等各方面的资源都较为丰富，冰雪运动的多功能拓展模式不仅能促进各产业资源的充分利用，而且能有效带动产业发展和消费体验升级。

3. 空间资源互补延伸

在产业融合发展过程中，实现产与城的持续协调融合发展，构建科学合理的空间布局，在京津冀冰雪运动产业协调发展的同时，达到空间资源互补延伸，促进城市产业、功能、品质和魅力全面提升。不同地区的冰雪运动有着不同特色，充分利用北京中心城市的地缘优势，与相邻地区的发展有机结合起来；利用京津冀地区的体育、文化、旅游等相关产业的资源优势，推动京津冀地区一体化发展，形成新的冰雪运动产业格局。例如，崇礼区 7 家滑雪场除富龙滑雪场位于城中，其余 6 家均集中于城区东南部，7 个滑雪场以太子城冰雪小镇作为中心点，以 10 千米为半径聚集成为中国最大的雪场集合，各个滑雪场之间的距离也较近，实现了资源互补、空间联动。以北京中心城市为支点，建立冰雪运动与文旅融合发展示范带，联动京津冀地区冰雪运动共同发展，实现城与城之间的资源与产品互补延伸，打造开放共生的空间形态与产品生态，构建京津冀冰雪运动产业集群，使其成为世界高端雪场集合。

（二）渗透式融合模式

1. 产业间技术渗透模式

产业间技术渗透模式是指各产业中的高新技术及其相关产业在发展过程中，

不断地向其他产业渗透，使各种产业有机联结在一起，进而产生两个或多个产业的融合发展并形成新的产业领域。随着科技的进步，人工智能、大数据、互联网等新兴技术在冰雪运动产业中得到了广泛的应用，如 VR/AR 及高分子技术在冰雪运动项目中的应用，推进了各种模拟冰雪运动体验项目的发展，以及各种仿真雪、仿真冰的运动项目的推广。近年来，气候变暖导致降雪稀少，全球滑雪行业正面临着严峻的挑战，如今，各大滑雪场都在进行人工造雪。例如，成都建立了全球最大的室内滑雪场，总面积达到了 8.08 万平方米，其制冷效果相当于 150 万个家用冰箱同时开放。2020 年 7 月 3 日，位于都江堰的成都融创文旅城融创雪世界率先呈现，配备了 6 条不同等级的雪道和 2 个滑雪地形公园，滑雪高手们一年四季都可以在这里一展身手，而小朋友们不仅可以玩冰上足球，还可以在冰雕城堡里与各种造型的动物合影留念，这一切均得益于产业间高新技术的融合。此外，基于互联网技术的旅游电商线上服务以及各种现代信息技术也为冰雪运动产业的发展提供着技术支撑，有效地推动着冰雪运动产业生产经营方式的不断优化。产业间的技术渗透融合必将为我国冰雪事业和冰雪产业的发展提供重要动力。

2. 产业间文化渗透模式

将北京的京津冀文化、长城历史文化、春节文化、奥林匹克文化等元素渗透到冰雪运动景点之中，各产业间相互交融，使冰雪产业因为文化和科技元素的注入而独具文化内涵和体验性。例如哈尔滨的冰雪大世界，冰雪世界是哈尔滨与众不同的文化特色，从 1999 年开始，其巧妙地利用自己得天独厚的优势，每年倾心打造不同主题的大型冰雪工程，大方展示自己的冰雪文化，发挥自己冰雪旅游的魅力。哈尔滨冰雪大世界是 2017 年春晚分会场之一，以"天坛祈年殿"为原型，故宫角楼为配景，将"金鸡报晓""五谷丰登""年年有余""花开富贵"四组雪雕作为前景，共同组成 360 度无死角的冰舞台。在冰雪大世界可以欣赏世界最高、最长、最大的冰雪景观，展现了北方名城哈尔滨的冰雪文化和冰雪旅游魅力。北京冰雪运动产业融合发展时要注重对京津冀地区特有的文化进行宣传和开发，实现文化与产业的全面融合，为冰雪运动产业注入文化底蕴，使其更具有生命力，提高冰雪运动产品的附加属性，以规范、观赏、丰富、安全的理念吸引居民和游客的参与。积极推动京津冀地区冰雪文化产业的重组与整合，加速构建和完善具有国际竞争优势的冰雪运动文化，努力构建分工合理、功能完备的北京冰雪运动文化产业体系和冰雪运动文化产业集群基地。

（三）重组式融合模式

产业内部的重组式融合模式主要存在于各个产业内部的重组和整合过程中，产业间通过资源共享和优化配置来提高产业集群的竞争力，进而适应市场新需求。冰雪运动与文化旅游产业的内容融合，主要通过赛事、节庆和会展等产业活动重组来实现各产业间的融合。北京要依靠丰富的民俗文化，把握重要时间节点开展独具特色的冰雪文化节庆和会展活动，实现冰雪运动和文化旅游的重组。产业重组融合的典型代表便是成都全国糖酒商品交易会（简称糖酒会），它以节庆和会展融合的形式为依托，以陈展布局、宣传展示和信息交流为内容，以商务洽谈、订单合作为目的，已经成为全国食品行业的重要经济活动。随着 2022 年冬奥会的筹办，北京承办冰雪赛事的机会剧增，要以此为契机开展群众性的冰雪体育赛事，提高冰雪体育旅游的发展效应。通过冰雪节庆、会展、赛事的举办吸引大量游客和居民，从而推动冰雪运动与各产业融合的快速发展。

二、冰雪运动驱动产业融合发展的动力机制

（一）核心驱动力

1. 外部环境驱动力

中国经济经过几十年的高速发展，基本完成了工业化的过程，开始面临转型和升级。北京作为首都以及全国政治中心、文化中心、国际交往中心、科技创新中心，经济基础十分优越，是全球著名的经济聚集地，冰雪运动产业融合外部环境良好。近年来，多个地方政府相继出台关于冰雪产业与各相关产业的发展政策，并重点强调产业融合发展。我国大力倡导更多人参与冰雪运动的政策倾斜，成为推动冰雪产业与各相关产业融合发展的重要政策动力，为冰雪运动的融合发展奠定了坚实的理论基础，"带动三亿人参与冰雪运动"的逐步实现，必将促进冰雪运动与各产业的快速融合，我国冰雪运动将迎来发展新机遇。同时，北京成功申办 2022 年冬奥会为冰雪运动带来了新契机。在 2022 年北京冬奥会申办、筹备及举办的过程中，很多与冬奥会直接或间接相关的活动与政策都能在不同程度上促进我国冰雪运动的新发展，大力推动群众冰雪运

动的发展。① 我国逐渐进入新时代，北京地区的技术发展大家有目共睹，技术创新使冰雪运动的科技含量不断提高，为冰雪运动的发展注入新的活力、增添新的内容，加速冰雪运动与各相关产业融合和结构优化的步伐，是冰雪运动产业融合的直接推动力。

2. 供给方利益驱动

我国幅员辽阔，冰雪资源丰富。京津冀地区的冰雪资源十分优渥，且冰雪运动的各种资源与设施对于旅游业和体育产业都具有极强的资产通用性，这成为了冰雪运动与各个产业融合发展的内在推动力。② 在市场竞争日益激烈的格局中，为了不断实现竞争优势，攫取更高额的市场利润，各大企业内部积极改革创新，通过技术创新与组织管理创新多元化经营、多产品经营，不断实现冰雪运动产业内部或与其他相关产业间的交叉、渗透与重组，降低或消除产业壁垒，使冰雪运动的资源要素在更大的空间范围内实现优化升级。③ 此外，在激烈的市场竞争环境下，为赢得竞争优势，满足消费者多样化的消费需求，冰雪运动相关企业积极与其他企业竞争合作，追求效益最大化，在依托冰雪运动资源的基础上进行跨产业经营，不断集成其他产业的要素和功能，通过融合相关产业价值链，对冰雪运动进行生产与再生产。因此，这种内外的利益驱动促使着冰雪运动与其他产业的融合。

3. 需求方需求驱动

随着物质生活水平的提高，人们参加冰雪运动的积极性越来越高，而不同人口特征的人群对冰雪运动的参与存在一定差异。消费者对冰雪运动的认知和参与受到性别、教育、收入、年龄等因素的影响。冰雪运动在不同人口特征中有着不同的消费需求，不同消费者参与冰雪运动的积极性，推动着冰雪运动与各个相关产业的不断融合。随着我国经济水平的不断提高，人民美好生活需求日益广泛，不仅对物质文化生活提出了更高要求，同时也对幸福、满足等精神层面有了新的要求。在冰雪运动领域中，简单的身体锻炼或旅游出行已无法满足人们的精神需求，人们对多元化冰雪运动的向往尤为凸显，"冰雪+文化+体验"一体化的新兴冰雪运动产品带动群众消费升级。冰雪休闲服务业是冰雪运动满足新时代人们美好生活需求的核心产业，为满足消费者的需求层次，吸引

① 郭金丰. 北京冬奥会背景下推动我国冰雪产业发展的对策 [J]. 经济纵横, 2018 (8)：114-120.
② 杨强. 体育旅游产业融合发展的动力与路径机制 [J]. 体育学刊, 2016, 23 (4)：55-62.
③ 王刚军, 李晓红. 我国社区健身俱乐部与卫生服务中心产业融合模式研究 [J]. 军事体育学报, 2017, 36 (1)：78-81.

群众的消费目光，激发群众参与的积极性，推动着冰雪运动产业结合其他产业的优势，不断进行产业融合产生新的服务与产品。消费者不断变化与增强的消费需求，大力推动着冰雪运动与相关产业的融合。

（二）其他驱动力

1. 专项运动型

冰雪运动项目种类繁多，主要有速度滑冰、花样滑冰、冰球滑冰和滑雪等。近年来我国冰雪运动竞技水平迅速提高，冰雪竞技运动稳步发展，尤其是冰上项目发展迅速，先后在世界锦标赛和奥运会上取得优异成绩。截至 2018 年底，中国冰雪项目的扩面工作已取得阶段性成果，组建了 31 支国家集训队，覆盖北京冬奥会全部 109 个小项，运动员和教练团队共有近 4000 人，与"平昌周期"同阶段相比人数增加了约 7 倍，全项目建队、全项目备战的格局已经形成。以花样滑冰、冰球和高山滑雪等为重点，支持有群众基础的冰雪健身项目发展。此外，还有东北、华北和西北等地区的冰车、抽冰嘎、冰上龙舟、冰蹴球、转龙射球等传统民俗冰雪项目。国内还有大量的冰雪职业俱乐部和专业冰雪运动团队。冰雪运动存在着一大批特定客户群体，不仅包括专项的冰雪运动项目，还有一系列的新兴市场需求，如中小学研学、户外度假、乡村旅游度假、健康与养老、国际会议与展览、冰雪户外运动等。冰雪专项运动与特定客户群的蓬勃发展，推动着冰雪运动与文化旅游产业的融合发展。

2. 赛事驱动型

以筹办 2022 年北京冬奥会为契机，京津冀地区逐渐建设了一批能承办高水平、综合性国际冰雪赛事的场馆，并依托该地区旺盛的冰雪运动消费需求，积极普及冰雪运动项目，大力发展冰雪健身休闲业、高水平竞赛表演业和冰雪旅游业，带动着全国冰雪运动与各相关产业融合发展。随着北京冬奥会筹办步伐的加快，北京申办、承办的高水平冬季运动国际赛事越来越多，仅 2019 年就相继举办了冰壶世界杯总决赛、国际冰联女子冰球世锦赛甲级 B 组比赛、国际雪联中国北京越野滑雪积分大奖赛、国际雪联中国北京滑轮世界杯、2019 沸雪北京国际雪联单板及自由式滑雪大跳台世界杯等一批颇具影响力的国际赛事，为2022 年北京冬奥会预热，还有一系列高山滑雪世界杯等"相约北京"冬奥会测试赛。① 北京市着力打造的一批青少年冰雪运动品牌赛事也渐成气候，北京市

---

① 汪涌. 北京冰雪运动发展强劲：赛事多、人数多、设施多 ［EB/OL］. https：//baijiahao.baidu. com/s？ id＝1656347250928738001&wfr＝spider&for＝pc，2020-01-21.

中小学生校际冰球联赛、青少年冰球俱乐部联赛、青少年滑雪比赛、青少年花样滑冰比赛、中小学生冬季运动会等已成为北京青少年冰雪运动的"五朵金花"。大量冰雪赛事在北京的举办，无疑推动了北京冰雪运动与各相关产业的融合发展。

3. 综合文化生活驱动型

近年来，"百万青少年上冰雪""百万市民上冰雪"等群众性冰雪活动蓬勃开展。群众冰雪运动的跨越式发展阶段从 2015 年开始，全国从中央到地方、从北方到南方、从冬季到夏季、从企业到个人，宣传力度前所未有，冰雪活动丰富多样，群众参与热情空前高涨，冰雪运动成为体育产业发展的重要内容和主要力量，正以前所未有的速度、深度和广度在全国普及和发展。[①] 随着冰雪运动"南展西扩"战略的推进，开展冰雪活动的地域不断扩展，冰雪活动类型日益丰富，参与人数迅速增加，覆盖人群范围逐渐扩大，群众参与冰雪运动的热情不断高涨。我国冰雪运动产业已经初步形成了以健身休闲为主，竞赛表演、场馆服务、运动培训和体育旅游等业态协同发展的产业格局。冰雪运动企业积极与中间商、推广商合作，深入挖掘冰雪运动的文化内涵，丰富和扩展冰雪体育竞赛的外延，加强冰雪活动的策划、宣传和包装，逐步把单一的冰雪竞赛改造成集竞技、表演、文化、娱乐、商业于一体的综合性活动，树立起品牌效应，不断满足大众消费者日益丰富的冰雪文化需求。随着大众冰雪热潮的来临，我们有充足的信心去展望群众冰雪运动与各文化旅游产业融合的美好未来。

4. 国际组织与交往驱动型

冰雪运动文化作为一种以人和自然资源为共同载体的区域性文化，具有其独特的文化属性，体现了一种人与冰雪相互交融、天人合一的美。冰雪运动作为一项国际性的运动，通过国际性的竞赛与交流不断地创新、发展和完善。冰雪运动水平不仅是一个国家社会发展和文明进步的重要标志，还是综合国力的重要体现。中国冰雪运动走向世界，与国际社会进行更加广泛而深入的交流与对话，已成为大势所趋。尤其是在北京和张家口联合申办冬奥会的时代背景下，中外冰雪运动文化交流显得更为重要。良好的硬环境为举办和承办各级各类中外冰雪运动交流活动奠定了基础，中国稳定的社会政治和经济环境以及良好的国际关系为冰雪运动交流提供了前提和基础。冰雪运动在中国有着庞大而稳定

---

① 谷天旭. 浅谈冬奥会背景下雪地球运动进入小学体育课堂的积极意义 ［J］. 当代体育科技，2019，9（22）：233-234.

的消费群体以及潜在消费群体，这为吸引重大国际冰雪赛事创造了条件。我国冰雪运动与国际交流的方式多种多样，既有冬奥会这样的世界超级体育盛会，又有国际滑雪联合会举办的世界滑雪锦标赛、世界杯和大洲杯赛；既有体育经纪公司运作的商业比赛或表演，又有中外体育院校间的冰雪运动学术交流或互访。多年来，通过冰雪运动交流，中国取得了一系列国际比赛佳绩，积累了较丰富的国际赛事经验，也不断地促进着冰雪运动与各相关产业的融合发展。

5. 产业支撑型

随着我国冰雪运动的不断发展，冰雪运动参与和培训需求旺盛，竞赛表演活动日益丰富，冰雪旅游业发展迅猛，冰雪场地建设运营市场化程度较高，冰雪用品及相关产品制造增长空间巨大。近年来，众多冰雪运动企业紧紧抓住冬奥会机遇，在大力发展冰雪运动的同时，立足装备制造产业的良好基础，大力发展冰雪装备制造产业，取得了可喜进展。例如，张家口市2019年冰雪装备企业实现投产6家以上，加上新引进的企业，初步形成了产业集群。未来，张家口谋求建成国际一流、以冰雪场馆建设配套为主的冰雪装备制造全产业链聚集区。各冰雪运动企业依托现有产业基础和冰雪资源优势，大力发展冰雪装备制造产业，积极打造轻重装备结合、研发制造服务兼顾的全产业链、全生命周期的冰雪运动装备制造基地。我国大力创新发展冰雪装备制造业，搭建产需对接平台，支持冰雪装备制造企业与冰雪场地等用户单位联合开发冰雪装备，扶持具有自主品牌的冰雪运动器材装备、防护用具、设施设备、客运索道等冰雪用品企业和服装鞋帽企业发展[①]。基于"东部新跨越、西部大开发、东北振兴、中部崛起"四大板块和"一带一路、长江经济带和京津冀协同发展"三大支撑带等国家发展战略，冰雪运动产业装备的发展也驱动着冰雪运动的产业融合发展。

（三）发展机制

1. 规划与引导机制

冰雪运动在产业融合发展过程中，应该贯彻市场主导、政府引导的模式。发挥政府作用，加强宏观设计，制定规划政策，完善规章制度，对整个冰雪运动产业的发展进行引导。政府规划与自治组织进行直接对接，提供定制服务，

① 国家体育总局. 冰雪运动发展规划（2016—2025 年）［EB/OL］. http：//www. gov. cn/xinwen/
2016-11/25/conten t_5137611. htm，2016-11-02.

突出过程化服务，建立从规划编制、规划调研到规划实施全程跟踪引导的规划机制，发挥政府规划在冰雪运动发展过程中的引导作用。各个地区要坚持以政府宏观设计为引领，结合各区域特色，寻求产业整合点，开发特色产业、特色项目，实现产业融合发展。

2. 季节平衡机制

随着科技的发展，各种高新技术与新材料逐渐运用到冰雪运动产业中去，形成各种模拟冰雪运动产品，如仿真人造雪、仿真冰运动项目。同时，随着南方室内滑雪场、滑冰场的建立，逐步实现了南方冰雪运动甚至南方四季滑冰滑雪。逐渐打破旺季和淡季的界限，以缓解季节性带来的不良影响。科技发展可以使消费者打破季节束缚，有效规避旅游旺季带来的吃、住、行、游、购、娱难题，从而更加从容地体验户外休闲和冰雪运动带来的乐趣。在冰雪运动产业融合发展的过程中，应逐步完善季节平衡机制，打破季节束缚，变冬季运动为四季运动。

3. 跨区域协调机制

为促进产业融合，需要打破狭隘的地区管理体制，使不同地区、不同种类的资源得以利用，按照产业融合的需求进行重组与整合。随着区域经济一体化的加速，我国跨区域城市协调发展进入了新的阶段，以中心城市为核心的跨区域经济网络先后建立，京津冀增长极经济发展质量不断提升。北京冰雪运动产业的融合发展，离不开京津冀片区的各类资源，以北京为中心城市，通过跨区域、跨部门的组织协调，对资源进行有效的配置，形成"以点带面"的区域增长极模式，实现相互融合。

4. 利益主体协调机制

企业是实现产业融合的主体，在产业融合的过程中，无论是拓展经营范围，还是实现技术创新，利益主体都是企业，利益必然会受到一定的威胁。为处理各产业间的利益矛盾，以确保冰雪运动产业与相关产业的融合能健康、和谐、持续地开展下去，需要构建冰雪运动产业相关利益主体的协调机制。因此，在产业融合发展过程中，需要采取相应的措施与政策，对各利益主体间进行协调、分配、约束，为企业的融合发展提支持与保障，鼓励各企业创新，培育多元化经营企业集团，支持企业的并购活动，大力推动产业的融合发展与产业创新。

5. 提供服务的中介机制

产业的融合发展需要社会提供一定的中介服务，如投融资、信息、技术、法律等方面的服务。企业和政府往往不会精通于各个方面，因此，形成了专门的中介服务企业，普通企业通过与服务中介合作创新，使资源得到最优配置，进而使双方在均衡中获取各自的最大利益。在冰雪运动产业融合发展的过程中，还需要完善社会中的第三方中介服务机制，为相关企业提供所需的附加服务，通过建立特殊的关系资本、知识共享的路径和有效的关系管理体系，使企业可以保持持续的竞争优势，推动企业主体不断地融合创新。

6. 业态转型调整机制

在互联网打破时空界限的有利条件下，伴随着消费升级，冰雪运动与文化旅游产业深度创新融合，不断迸发新业态、呈现新特点，表现出新的发展趋势。面对市场的变化，传统的冰雪运动产业和文化旅游产业都需要进行业态的转型与调整，突出业态创新，强化融合条件，大力发展冰雪体育旅游新业态，大力发展冰雪运动，打造旅游经济新业态，坚持普及冰雪运动同时做强冰雪经济融合发展，打造错季旅游新业态。创造冰雪休闲旅游产业新业态，如打造各种冰雪特色主题综合体等，不断推进冰雪运动与文化旅游产业的融合及持续健康发展。

三、产业融合发展政策模式

（一）以龙头企业为核心构建产业集群，联动相关产业发展

北京冰雪运动在产业融合发展过程中需要对产业链进行延长，打造"冰雪+"的产业布局进行产业融合，使冰雪运动产品多样化发展，相关产业共同发展建设，对冰雪资源进行优化重组，以冰雪运动联动文化旅游及体育等相关产业融合发展。冰雪运动与文化旅游产业融合发展形成产业集群，构建核心层、主体层、联动层的产业圈层。冰雪运动与文化旅游产业完全融合形成产业融合的核心层，以滑雪及伴生度假、城市冰上运动及休闲、线路复合型文化旅游等为核心产业，为旅游者提供消费。核心产业带动与冰雪运动产业紧密联合的相关产业的主体层协调发展，如度假及伴生商业地产、旅游业（观光旅游、酒店业、乡村旅游）、城市休闲产业、体育赛事产业、特征文化产业等相关产业，以及联动支撑的联动层产业共同协调发展。进一步巩固京津冀地区冰雪运动发展基础，在人才培养、赛事组织、装备研发、文化宣传等方面稳步推进，促进健身休闲、

竞赛表演、冰雪旅游、用品制造等各产业协调发展①。

（二）完善财政金融及税费价格政策

充分发挥北京市体育产业发展资金引导作用，创新资金使用模式，引导社会资本进一步加大对冰雪运动产业的投资力度。不断完善支持冰雪运动设施建设、运营的财政和投融资政策，设立担保风险补偿专项基金，创新冰雪运动投融资平台与渠道，加强配套金融服务，进一步加大对冰雪运动训练基地建设等方面的支持力度②。对符合条件的具有公益性、大众化的冰雪运动设施使用和消费项目给予财政支持和倾斜，并通过定期评估给予继续支持。可开展地区试点，使从事冰雪运动、冰雪旅游文化产品及衍生产品运营的企业能够享受税收优惠，鼓励冰雪旅游文化产业的发展。冰雪体育企业缴纳城镇土地使用税、房产税确实有困难的，可按照税收管理权限上报经批准后定期给予减免。提供冰雪运动服务的社会组织，经认定取得非营利组织企业所得税免税优惠资格的，依法享受相关优惠政策。

（三）加大冰雪运动品牌建设与推广力度，提升国际竞争力

品牌是产业发展的重点，要使冰雪运动产业可持续发展，产业集群的品牌建设至关重要。建设北京冰雪运动产业集群品牌要明确北京冰雪运动品牌形象，对消费市场进行定位，整合资源打造冰雪体育旅游大品牌。要提升北京冰雪运动品牌效应，需要进一步加大宣传方面的投入，举办大型节事活动，通过举办各种冰雪产业赛事、国际冰雪赛事提高国际竞争力。政府加大对冰雪运动产业的支持，树立品牌产业的意识，不断开发现有产业，利用现有的产业形象，进一步发挥政策的引导和带动作用，进一步挖掘出北京本地的文化旅游优势，形成一个统一冰雪体育旅游大品牌。申请地理品牌保护，进一步提升北京地理品牌作用，提升北京冰雪运动的影响力。借助传统和现代的传媒进行多渠道宣传，借助冬奥会的契机，向世界展示、推广北京冰雪文化旅游品牌。

---

① 国家体育总局. 冰雪运动发展规划（2016—2025 年）［EB/OL］. http：//www.gov.cn/xinwen/2016-11/25/content_5137611.htm，2016-11-02.

② 关于加快冰雪运动发展的意见（2016—2022）［EB/OL］. http：//www.beijing.gov.cn/gongkai/guihua/wngh/qtgh/201907/t20190701_100003.html，2016-03-09.

（四）多样化发展模式，进行新市场开发

根据北京冰雪资源的整体分布情况，与文化旅游产业相融合要适当开发新市场，形成错落有致的市场布局，构成高、中、低三个档次的体验格局，在满足消费者差异化需求的同时促进场地间的良性竞争。首先，开发京津冀地区有潜力的产地，结合冰雪运动与文化旅游产业，建成高端的多功能体验场所，形成高端冰雪旅游服务体系；其次，建设一批中档的滑雪场地，满足一般旅游消费者的需求，增加滑雪体验感受，通过"滑雪旅游+娱乐项目+特色文化"，形成北京本地的滑雪特色；最后，要针对经常来游玩的客人开设一些低级、无人教授的运动场地，满足周边爱好者的消费需求，将场所资源最大化利用的同时，促进新市场的开发。冰雪运动与文化旅游产业融合需要构建一定的市场需求圈层，包括基础市场需求层、具有重要价值的新兴市场需求层以及进一步发展、提升或培育的其他市场需求层。根据不同市场需求圈层的不同消费需求不断创新，开发冰雪运动与文化旅游产业融合新市场。

（五）创新业态配置，开拓冰雪旅游新业态

业态创新是产业融合发展的第一动力。在技术扩散以及消费需求多样化、个性化的驱动下，冰雪运动与文化旅游产业的融合发展需要不断打破原有边界，将传统要素不断重新配置，对传统要素不断创新化，业态融合化、生态化、定制化与规模化发展①。在冰雪运动与文化旅游产业融合的过程中，需要充分考虑不同消费者的消费需求，针对冰雪运动与文化旅游产业中相应的要素组合，形成不同的产品、经营方式和组织，创新"产品+经营方式+组织形式"的业态配置。在冰雪运动吸引物大环境的基础上，对文化旅游、体育、酒店、娱乐等跨产业开发，使各产业优势资源彼此结合，互相放大资源投入的边际效用，实现区域资源的优化配置，使"冰雪运动+文化旅游产业"项目产生最大的经济效益和社会效益②。例如，构建"大冰雪小文旅""大文旅小冰雪"及"中冰雪中文旅"的业态配置，开拓冰雪旅游的新业态，推动冰雪运动与文化旅游产业的创新融合发展。

---

① 刘晓英. 产业融合视角下我国旅游新业态发展对策研究［J］. 中州学刊, 2019（4）: 20-25.

② 王桀, 田里, 张鹏杨. 旅游房地产业态配置模式与效率评价研究——基于上市公司数据［J］. 资源开发与市场, 2017, 33（10）: 1271-1275.

（六）多措推动体制机制改革，促进冰雪运动与文旅产业大融合

冰雪运动和文化旅游融合体制机制的改革，一是优化冰雪运动和文化旅游产业的管理方式，积极推动标准化管理；二是健全冰雪运动和文化旅游融合发展的统筹协调机制，推动专项协调机制的建立，充分发挥各产业部门的积极性和主动性；三是加强政府的引导能力，进一步发挥规划的统领作用，建立冰雪运动与文化旅游产业融合发展规划的制定、评估和督查机制；四是完善冰雪运动与文化旅游公共服务机制；五是建立统筹冰雪旅游资源的开发和保护机制，积极推动冰雪旅游融合发展；六是创新冰雪运动与文化旅游融合的传播机制，将"走出去"和"引进来"相结合，进一步提高宣传的实效性；七是深化冰雪运动与文化旅游产业相关事业单位与社会组织的改革，推动冰雪运动与文化旅游产业良性融合发展。在推进落实体制改革的过程中，始终以消费者为引导主体，从真实的市场经济体制出发，突出消费者的本质需求，充分听取广大消费群体的意见和需求，再推动冰雪运动与文化旅游产业融合的体制改革工作。另外，建立一定的体制机制改革保障体系，构建完整的监督体系、法律法规体系和良好的人才培养体系，切实保障"冰雪+文旅"的体制改革进程，促进冰雪运动与文化旅游产业大融合。

（七）加大冰雪运动管理与服务专业人才吸引力度，完善人才培养和就业政策

随着冰雪运动的发展，各地冰雪运动与冰雪旅游相关人才需求量日益增加，应采取相关有效措施提升冰雪运动与冰雪旅游专业人才的数量与质量，保障冰雪旅游人力资源的需求。制定本市冰雪运动人才发展规划，健全冰雪运动人才培养、认定、评价和激励机制，推进职业技能鉴定和职称评定工作，建立冰雪运动人才信息资源库和综合保障服务平台[①]。在高校增设冰雪运动与旅游相关专业，提高相关人才的输送质量，增强理论支撑与人才支撑。制定严格而灵活的就业政策，规范行业的从业、就业秩序，实现高质量就业。加强相关人才的理论培训，培养一批复合型专业人才。积极地引进冰雪专业人才和技术，提升冰雪运动与冰雪旅游产业的管理水平及相关技术，提升国际地位。增设冰雪旅

---

① 阚军常，王飞. 冬奥战略目标下我国滑雪产业升级的驱动因子与创新路径［J］. 体育科学，2016，36（6）：11-20.

北京市冰雪运动与文化旅游产业融合发展研究

游产业艺术基地，融合北京地区特色文化艺术，不断强化促进冰雪运动与文化旅游产业的大融合。

（八）加强与城市区域功能建设结合，提升冰雪运动综合服务能力

根据北京市各区人口规模、冰雪资源、经济社会发展水平，鼓励各地充分利用公园、城市广场等公共用地，有计划地建设一批新型室外冰雪运动场地，推动城市冰上运动和旅游休闲活动的融合发展。引导社会力量建设一批公共可移动式冰雪场地，如拆装式冰场、室外临时浇筑冰场等。鼓励各地通过改造旧厂房、仓库、老旧商业设施等规划建设一批冰雪运动室内冰雪场地，推动全民运动健身的开展。例如，首钢地区利用冬奥会为首钢带来的国际和国内关注，积极引入各类冬奥资源，并运用首钢的老旧厂房等工业遗产，促进了首钢地区的转型升级，成为新的冰雪旅游功能区。要不断加强冰雪运动场地与周边区域的功能建设相结合，提高区域性冰雪文化旅游综合服务能力，打造以冰雪运动场为核心圈层、以旅游度假区为配套服务圈层、以旅游特色地区为拓展圈层的一体化冰雪文旅融合发展集群。以吉林松花湖为例，松花湖度假区结合户外运动、购物中心、休闲度假地等多种功能，实现了万科品牌与松花湖品牌相结合，打造出以四季旅游为特色、滑雪运动为主题、家庭度假为核心的中高端滑雪主题度假区。

（九）打造数字化冰雪文旅，激发后疫情时代冰雪运动产业市场活力

积极引进互联网、VR、AR、MR 等现代科学技术，形成线上"冰雪云旅游"+线下"冰雪虚拟体验"的数字化冰雪文旅新态势。随着网络直播的兴起，"云旅游"逐渐成为当今社会的热点，为了激发后疫情时代冰雪运动产业市场活力，冰雪运动也应顺应时代发展，融合文化旅游产业和信息服务产业，打造线上"冰雪云旅游"。借鉴"云游"故宫的成功案例，依托抖音、快手、微博等自媒体平台，与携程、马蜂窝等旅游电商平台携手打造线上冰雪"云旅游"活动，通过建立北京市冰雪运动官方账号，录制花样滑冰滑雪、冰壶、冰上龙舟、冰雪小镇等趣味短视频，加强冰雪运动的推广，吸引群众的广泛参与。在冰雪场地引入 5G、人工智能等现代科学技术，为人们搭建冰雪"云旅游"的线上直播平台，人们可以通过直播进行冰雪观光、冰雪体验等。在冰雪赛事场馆利用 VR 技术为人们带来身临其境般的赛事转播，让人们隔着屏幕也能感受冰雪的魅力。在商场或体育场馆内搭建冰雪运动虚拟体验设备，通过传感器技术、

仿真技术、虚拟镜像技术等，让人们感受冰雪运动的动作和乐趣，从而激发滑雪爱好者到真实冰雪场地体验的欲望。充分利用物联网、云计算、大数据等现代科学技术，搭建冰雪运动大数据平台，通过互联网技术手段了解用户的消费行为和消费倾向，进行长期的积累和深度分析，从而根据用户的需求和兴趣爱好进行精准营销，加大冰雪产品的推广。

第五章
构建新型产业融合发展集群

一、冰雪文化旅游产业融合发展格局

(一) 产业内部行业层次结构

冰雪运动产业与文化旅游产业有着较强的关联性，随着旅游市场消费需求的升级，各产业间不断渗透与交叉，最终在一定地域内融合形成兼具冰雪运动、文化、旅游产业特点的冰雪运动产业集群。冰雪运动产业链主要包括冰雪场地、冰雪装备制造、冰雪赛事、冰雪组织协会等行业；文化旅游产业链涉及传统文化、现代文化、旅游住宿、旅游餐饮、旅游交通运输、旅行社、旅游纪念品经营、旅游服务等行业。以冰雪运动产业的冰雪场地、滑冰滑雪、冰雪装备等冰雪资源为核心，以文化资源、旅游服务为载体，最终融合发展成为冰雪运动产业集群。

冰雪运动产业集群的内部行业主要分为冰雪游览娱乐行业、为旅游者提供"食、住、行、游、购、娱"支撑的行业，以及为上述行业提供软硬件支持和信息服务的行业等。不同行业在冰雪运动产业中有着不同的地位和作用，在纵向上呈现出非常明显的层次结构，大体可以分为三个层次（见图5-1）。第一层次是冰雪旅游资源开发经营业，即冰雪运动产业集群中最重要、最核心的行业，包括滑冰滑雪旅游场地、冰雪旅游休闲度假区、冰雪旅游演艺、冰雪体育小镇、冰雪健身娱乐、冰雪赛事等主体行业；旅游者前往某一冰雪旅游目的地，需要解决其住宿、交通、餐饮、购物等一系列需求，这便需要冰雪旅行社业、旅游住宿业、旅游交通运输业、旅游餐饮业、冰雪旅游纪念品经营业等行业提供支持，由这些行业组成了冰雪旅游产业内部行业的第二个层次；第三层次是包括冰雪装备制造业、冰雪体育用品制造业、冰雪传媒业、冰雪旅游信息服务业、冰雪行业协会等为冰雪运动产业提供软硬件用品支持的行业群①。

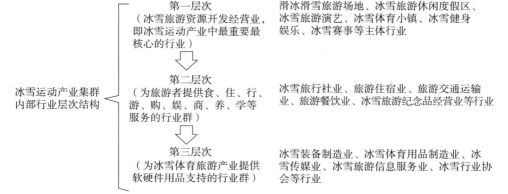

图 5-1 冰雪运动产业集群内部行业层次结构

（二）产业圈层结构

　　冰雪运动与文化旅游产业融合形成的产业集群的产业圈层结构由核心层、主体层、联动层构成（见图 5-2）。冰雪运动产业链中的冰雪场馆、冰雪装备、冰雪赛事是文化旅游产业发展的重要资源，同时，文化旅游产业可以为冰雪产业提供吃、住、行、游、购、娱等方面的软硬件支持，并为冰雪资源注入文化内涵，使各产业间相互渗透、交叉影响，最终形成"核心—主体—联动"的产业圈层结构。② 核心层是为旅游者提供消费的中心企业，是冰雪运动与文化旅游产业完全融合的表现，其中包括冰雪旅游场地、冰雪体育健身场馆、冰雪旅游休闲度假区、冰雪旅游演艺、城市冰上运动与休闲、线路复合型文化旅游等主体经营业。主体层由与冰雪运动产业紧密联合的相关产业构成，包括度假及伴生商业地产、旅行社业、酒店业、城市休闲产业、体育赛事产业、特征文化产业（演出、博物馆）、康疗产业、特征文化创意产业（纪念品）、特征商业（旅游生活商品、文化商品、艺术品）、会展业、行业组织等。联动层是对冰雪运动产业起联动支撑作用的产业，主要为产业集群提供软硬件支持、政策保障

　　① 张陆，徐刚，夏文汇，杜晏. 旅游产业内部的行业层次结构问题研究——兼论旅游产业和旅游业的内涵及外延 [J]. 重庆工学院学报，2001（6）：21-24.
　　② 王芒. 体育产业集群与东北冰雪体育旅游产业集群的建构研究 [J]. 沈阳体育学院报，2011，30（3）：17-21.

以及后备人员，包括装备制造业、农业（有机农业、特色农业、畜牧业、渔业、林业）、教育产业（专业人才、研学、就业帮扶）、金融业、建筑业、交通运输、物流业、广告业、研发及人才基地、国际物流枢纽等。

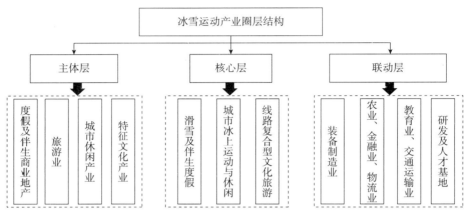

图 5-2　冰雪运动产业圈层结构

（三）市场需求圈层结构

冰雪运动与文化旅游产业融合的市场需求圈层包括基础市场需求层、具有重要价值的新兴市场需求层，以及进一步发展、提升或培育的其他市场需求层（见图 5-3）。基础市场需求层即满足冰雪运动消费者最基本的滑冰滑雪需求的产业层，主要为初级、中级、专业级滑雪场地，室内滑冰馆，冰雪旅游休闲度假区，冰雪文化旅游等产业。北京具有丰富的文化资源和旅游资源，可以与冰雪运动产业融合发展形成具有重要价值的新兴冰雪运动市场，满足人们更深层次的消费需求。例如，以 2022 年北京冬奥会为契机，发展北京城市冰上运动及伴生休闲与商业；充分发挥北京的长城文化、故宫文化、奥林匹克文化以及民俗文化，发展具有重要教育意义的中小学冰雪研学旅游市场；同时，还有大量户外运动市场（自行车、徒步、登山、越野、马拉松）、现代文化休闲市场、相关地产投资市场。冰雪运动与文化旅游产业融合进一步发展、提升可以形成其他市场需求层，包括乡村旅游度假、健康与养老旅游、新兴冰雪赛事活动、冰雪国际会议与展览、文化商品交易与投资、高端商务与奖励旅游等新兴市场[1]。

---

① 黄中伟. 产业集群的市场结构分析 [J]. 浙江师范大学学报，2004（2）：27-31.

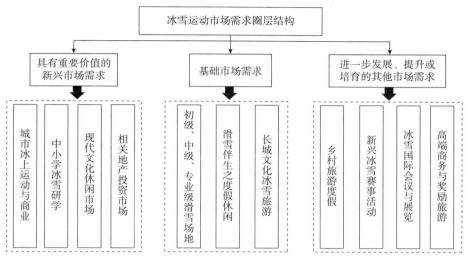

图 5-3 冰雪运动市场需求圈层结构

二、冰雪文化旅游产业综合发展效益研究

(一) 中长期 (2035 年) 目标

1. 群众性冰雪运动全面开展

近年来，国内冰雪运动发展迅速，冰雪场馆、滑雪场地逐年增多，国内滑雪场的滑雪人次由 2018 年的 1970 万上升到 2019 年的 2090 万，同比增幅为 6.09%，冰雪旅游整体上呈蓬勃发展的趋势。但 2020 年新冠肺炎流行，无疑让整个行业按下了暂停键，根据《中国滑雪产业白皮书（2019 年度报告）》的预估，2020 年全年的滑雪人次将下滑至 1100 万左右，同比下跌 47.37%，冰雪旅游产业损失巨大。2022 年北京冬奥会的举办是冰雪旅游产业振兴的重要契机，同时，实现"带动三亿人参与冰雪运动"的目标也成为推动冰雪旅游产业发展的强大动力。要以此为契机，充分利用北京丰富的文化艺术资源，将文化旅游与冰雪运动相融合，打造社会协同、群众参与的冰雪旅游活动，实现群众性冰雪运动全面开展。

2. 冰雪运动与文化旅游产业集群蓬勃发展

随着我国居民消费水平的提升，以及对美好生活的向往，人们对冰雪服务的需求不断提升，构建冰雪运动与文化旅游产业的产业集群有利于满足群众对冰雪服务的多样化需求，对于推动全民健身国家战略、加快体育强国健身、促进经济社会发展具有重要意义①。冰雪运动产业与文化旅游产业有着较强的关联性，随着旅游市场消费需求的升级，以冰雪运动产业的冰雪场地、滑冰滑雪、冰雪装备等冰雪资源为核心，以文化资源、旅游服务为载体，各产业间不断渗透与交叉，最终在一定地域内形成兼具冰雪、文化、旅游产业特点的冰雪旅游产业集群。要以2022年北京冬奥会的筹备和举办为契机，用好北京的文化资源，使冰雪运动充满独特的人文风采和文化魅力，围绕北京的首都文化、长城文化、奥林匹克文化等，打造冰雪旅游演艺、冰雪嘉年华、群众冰雪旅游赛事等人民群众喜闻乐见的冰雪旅游活动，形成冰雪体育小镇、冰雪旅游休闲度假区等综合型冰雪旅游度假胜地，到2035年构建完善的产业融合体系，实现冰雪运动与文化旅游产业集群的蓬勃发展。

3. 建立完善的冰雪运动综合设施

目前来看，国内滑雪设施较多，但冰雪运动综合设施却配套不足。为进一步推动冰雪运动与文化旅游产业的融合发展，仍需要不断加强基础设施和冰雪旅游配套设施的建设，创新发展冰雪装备制造业。根据市场需求，科学规划京津冀地区冰雪运动场地，以2022年北京冬奥会为契机，充分利用冬奥会场馆资源和户外滑雪场地，扩大冰雪场地供给，提高冰雪旅游设施质量，实现冰雪场馆的可持续发展。丰富冰雪旅游场地设施设备，建立架空索道、滑雪魔毯、滑雪模拟器、冰上自行车、滑雪橇、冰上龙舟等满足消费者多样化需求的冰雪设备。丰富冰雪旅游场地类型，充分利用冬奥场馆建立综合性的冰雪运动中心，灵活运用北京市内公园、广场等公共用地建设可移动的冰雪旅游场地，从而满足群众性冰雪旅游需求②。同时，做到创新发展冰雪装备制造业，打造具有中国特色的冰雪装备品牌，自主研发科学技术含量高、可替代进口的冰雪装备。

4. 培养专业的冰雪运动产业人才

冰雪运动与文化旅游产业融合的关键之处在于人才，同时产业融合的发展不断刺激着行业对专业人才的需求，因此，培养高水平的冰雪文化旅游人才至关重要。计划成立北京市冰雪运动专家指导委员会，由对冰雪运动和文化旅游产业有影响力的专家、学者等人士自愿组成社会组织联盟，邀请专家学者通过研讨讲座、培训交流等方式指导专业性技术人才的培养，努力实现冰雪运动人

① 国务院关于印发全民健身计划（2016—2020年）的通知 [EB/OL]. http：//www.gov.cn/zhengce/content/2016-06/23/content_5084564.htm，2016-06-23.

② 郭金丰.北京冬奥会背景下推动我国冰雪产业发展的对策 [J].经济纵横，2018（8）：114-120.

力资源的社会化。同时，鼓励高校和大专院校增设冰雪运动相关专业，开设相关课程，牢固树立"大人才观"，旨在培养既懂冰雪又懂旅游的高质量专业人才，尤其是产业策划与运营管理人才①。搭建北京市线上冰雪文化旅游人才交流平台，通过线上交流、分享与探索，不断提高人才水平，推动专业性技术人才的培养。鼓励冰雪运动和文化旅游产业与开设相关专业的高校、大专院校合作，建立专业人才培养基地，开展系统、专业的培训，合作完成人才培养的目标，缓解人才供需不平衡的矛盾，为冰雪运动与文化旅游产业融合发展提供后备人才。最后，要构建完善的冰雪运动指导员认证体系，完善指导员的认证、考核、培训等环节，并出台严格的冰雪运动行业教学管理规则。

（二）冰雪文化旅游产业集群的功能

1. 推动京津冀地区协同发展

构建新型冰雪运动产业融合发展集群，需要文化、旅游、体育、科技、会展等多产业的融合发展，同时，北京携手张家口成功申办 2022 年冬奥会，在多重红利的背景下，将极大地带动京津冀地区的协同发展。2020 年，河北省政府办公厅印发《关于促进全民健身和体育消费推动体育产业高质量发展的实施意见》，其中提出河北省将推动冰雪运动和冰雪产业在张家口落地生根，构建以北京城区为龙头的"一代、三轴、三核、多节点、多片区"产业空间布局，打造京张冬奥文化体育旅游产业带，发挥冬奥会对区域经济的带动作用，形成分层次、可持续发展的产业体系，推进区域协同，以核心产业为发展重点，加快培育关联产业②。

冰雪运动发展集群的构建将积极推进三地的冰雪资源整合，共建密云、延庆、承德和张家口的冰雪运动产业集群示范区。首先，将推动京津冀地区基础设施全面改善升级，建设完善的机场、高铁等现代化交通体系。其次，以冰雪运动产业融合为契机，能够促进京津冀地区冰雪运动产品体系的转型升级，借助京津冀地区丰富的文化旅游资源，赋予冰雪运动新的旅游功能和独特的文化内涵，如以长城文化、古都文博、奥林匹克文化为基础，构建线路复合型冰雪文化旅游和城市冰上运动与休闲活动。同时，新型冰雪运动发展集群的构建，

---

① 李在军. 冰雪产业与旅游产业融合发展的动力机制与实现路径探析 ［J］. 中国体育科技，2019，55（7）：56-62，80.

② 河北省体育局. 关于《河北省人民政府办公厅关于促进全民健身和体育消费推动体育产业高质量发展的实施意见》解读 ［EB/OL］. http：//www. hebsport. gov. cn/gongchengjianshe/zhengcejiedu/2020/0622/14076. html，2020-04-30.

将不断提升京津冀地区相关产业的附加值，推动文旅产业、农业、金融业、物流业、教育业、交通运输业、信息服务业、装备制造业等产业的转型升级，从而不断推动京津冀地区的协同发展①。

2. 推动生态建设与环境保护

冰雪运动的发展有赖于生态环境的建设，是气候敏感性较强的活动类型之一。因此，构建新型冰雪运动产业融合发展集群，将促进自然生态环境的严格管控和冰雪资源的生态化管理，通过政府补贴、社会企业等多方渠道筹集资金，并将其投入城市绿化、节能减排、污染治理和环境改善，从而提升生态环境治理，带动周边环境的保护和生态建设。同时，冰雪运动的开展也为监管部门提出了更高的要求，需要监管部门出台严格的监管制度。冰雪运动的发展要着眼于冰雪场地的长远可持续发展，重视生态环境保护，对相关产业实行严格的准入制度，从规划到开发都受相应法律法规监管。冰雪场地在规划建设布局上更注重生态环境的保护和可持续发展，布局更集中，对冰雪场地周边环境的绿化和进行可持续发展策略都起到了积极的促进作用。冰雪运动与文化旅游产业的融合有利于推动生态旅游的发展，促进自然生态冰雪资源与人文历史相融合，形成"绿色、低碳、循环"的生态冰雪旅游活动，实现"冰天雪地"到"金山银山"的转变。

3. 促进文化的保护和传承

冰雪运动与文化旅游产业的融合发展，使冰雪产业因文化元素的注入而独具文化内涵和体验性，同时能够促进文化的保护和传承。用好北京的文化资源，构建独具特色的北京冰雪运动产业融合发展集群，向世界讲好中国故事、传播中国好声音，促进文化的保护和传承，推动中外文化交流和文明互鉴。将长城文化、春节文化、冰雪文化、奥林匹克文化与冰雪运动相融合，开展形式多样、内容丰富的人们喜闻乐见的文化活动，开展冰雪文化节、冰雪嘉年华、冰雪演艺、冰雪电影活动，促进文化的宣传和发扬，提高冰雪运动在人民群众中的影响力。用好春节文化资源，向全世界展示象征喜庆团圆、欢乐吉祥、热情好客的中国传统佳节的独特魅力；用好长城文化资源，大力弘扬中华民族自强不息的奋斗精神和众志成城、坚韧不屈的爱国情怀，进一步推动中华文明与世界文明的交往；用好冰雪文化资源，带动三亿人参与冰雪运动，促进地区经济社会发展和人文交流；用好奥林匹克文化资源，向民众普及冬奥知识，吸引广泛关

① 吴玲敏，任保国，和立新，冯海涛，林志刚. 北京冬奥会推动京津冀冰雪旅游发展效应及协同推进策略研究［J］. 北京体育大学学报，2019，42（1）：50-59.

注，推动全民健身。

4. 带动居民生活质量和社会经济水平的提升

冰雪运动与文化旅游产业融合发展，构建新型冰雪运动产业融合发展集群，将极大地带动区域居民的生活质量和经济社会水平。冰雪运动的开展，将有助于丰富人们的生活方式，提升人们的生活品质，满足人们对美好生活的需求，推动全民健身和三亿人参与冰雪运动的发展。同时，冰雪运动的发展也会推动社会基础设施建设，提高居民生活质量。《冰雪运动发展规划（2016—2025年）》指出，要有计划地建设一批公共滑冰馆、室外滑冰场和滑雪场等冰雪运动场地，合理规划建设公共滑冰馆，建设综合性冰雪运动中心，鼓励各地利用公园、城市广场等公共用地，因地制宜地建设可移动冰雪场地，为群众冰雪运动的开展提供便利①。此外，冰雪运动产业集群的构建需要旅游业、交通运输业、教育业、金融业等多产业的支持，所以将会提供更多的就业岗位，为北京及周边地区的居民提供更多的就业机会。冰雪运动的发展也会为社会带来巨大的经济效益，对于拉动冰雪旅游发展、扩大冰雪旅游消费、推动伴生度假和商业地产发展、促进相关地产投资等方面具有积极作用。

5. 促进国际文化交流和国家形象的提升

冰雪运动产业集群的构建将促进国际的文化交流和资源的开放共享。在"一带一路"沿线国家、冰雪运动发达国家、友好城市和奥运城市搭建冰雪交流平台和冰雪运动产业链，有利于推进冰雪资源的对外开放和交流合作，通过举办国际冰雪旅游活动，不断提升国家冰雪文化软实力。2022年北京冬奥会的筹备和举办，为北京和张家口等地带来了大量冰雪赛事和国际会议的举办机会，结合国际冰雪赛事和重要国际会议，开展国际间的冬奥文化交流活动，将扩大北京冬奥会的国际影响力和吸引力，展现国家形象，促进国家发展。

三、创新驱动产业融合发展方案

（一）创新构建可持续投入模式

1. 统筹规划冰雪运动产业，创建可持续发展新模式

目前国家冰雪产业目标中缺乏对冰雪文旅产业，特别是冰雪运动与文化旅

---

① 国家体育总局. 冰雪运动发展规划（2016—2025年）[EB/OL]. http://www.gov.cn/xinwen/2016-11/25/content_5137611.htm，2016-11-02.

游产业融合发展的目标定位，缺乏总体的统筹规划和可持续发展的行动计划。计划开展北京市冰雪产业资源的详细调查，包括冰雪产业规模调查，如滑雪场数量、雪道等级、缆车、索道、魔毯数量、造雪机、压雪机等先进设备数量；冰雪项目内容调查，如雪场配套服务设施、雪雕、雪地乐园、马拉雪橇、酒店服务设施等项目内容；冰雪赛事活动调查，如滑雪滑冰国际国内赛事、冰雪节庆活动等。在资源调查的基础上制定详细、合理的产业规划，统筹规划北京市冰雪运动产业资源，重点提升大型优质滑冰滑雪场地，加强滑冰滑雪场地提档升级，打造品质优良、业态丰富的冰雪运动场地，努力达到世界先进发展水平。创建北京市冰雪产业与文化旅游产业融合的可持续发展模式，充分做好 2022 年北京冬奥会后对冰雪设施的利用和保护，制定场地开放和使用标准，以保障冬奥会后冰雪设施的可持续利用。制定政府与企业的高效合作机制，政府积极引导、鼓励中小企业创新，推动冰雪运动与文化旅游产业的融合，构建冰雪、文化、旅游、融合的可持续发展产业体系。

2. 科学规划布局冰雪运动场地，加强与城区的功能设施结合

根据北京市各区人口规模、冰雪资源、经济社会发展水平，鼓励各地充分利用公园、城市广场等公共用地，有计划地建设一批满足大众化需求的新型室外冰雪运动场地，推动城市冰上运动和休闲活动的开展。鼓励各地通过改造旧厂房、仓库、老旧商业设施等规划建设一批冰雪运动室内冰雪场地，推动全民运动健身的开展[①]。例如，首钢地区以冬奥会为首钢带来的国际和国内关注，积极引入各类冬奥会资源，并运用首钢的老旧厂房等工业遗产，促进了首钢地区的转型升级，成为新的冰雪旅游功能区。要不断加强冰雪运动场地与周边区域的功能建设相结合，提高区域性冰雪文化旅游综合服务能力，打造以冰雪运动场为核心圈层、以旅游度假区为配套服务圈层、以旅游特色地区为拓展圈层的一体化冰雪文化旅游融合发展集群。以吉林松花湖为例，松花湖度假区结合户外运动、购物中心、休闲度假地产等多种功能，实现了万科品牌与松花湖品牌相结合，打造出以四季旅游为特色、滑雪运动为主题、家庭度假为核心的中高端滑雪主题度假区。

3. 创新冰雪运动与生态环境保护协调发展新模式

冰雪运动是气候敏感性较强的活动类型，其发展有赖于生态环境的建设，

---

① 国家体育总局. 冰雪运动发展规划（2016—2025 年）[EB/OL]. http：//www.gov.cn/xinwen/2016-11/25/content_5137611.htm，2016-11-02.

无论是自然冰雪资源还是人工冰雪资源，都对生态环境有较高的要求，所以冰雪运动产业集群的建设要与生态环境保护协调发展，从而促进冰雪产业的可持续发展。冰雪运动产业集群的建设要坚持绿色发展，充分利用现有资源，进一步挖掘冰雪资源潜力，实施技术创新，不断丰富冰雪运动的内涵。同时，要发挥冰雪运动亲近自然的特点，在群众心中树立健康积极的心态，从而促使人们主动践行绿色低碳的生活方式。探索"生态保护＋产业集群"的发展模式，严格把控冰雪场地开发时对林地的占用，充分利用疏林地、荒地与草地开发滑雪道，利用林地占用异地高额补偿及林权入股等方式解决滑雪场地开发与森林保护之间的矛盾①。延庆区作为北京的西北门户和重要的生态屏障，空气质量和生态环境在北京市首屈一指，冬季雪期较长，气候条件合适，冰雪资源丰富，具备开展生态冰雪旅游的基础条件，因此要充分利用延庆的山地资源和冰雪资源，创新冰雪运用与生态环境保护协调发展的新模式，开发森林雪地探险、森林狩猎、雪地雪橇等生态冰雪旅游项目。

（二）强化装备制造业的支撑力量

1. 推动冰雪装备制造的技术创新，打造国内自主冰雪装备品牌

冰雪装备是冰雪运动开展的必要条件，主要包括滑雪服、滑雪眼镜、滑雪手套等滑冰滑雪服装，滑雪板、冰刀、冰鞋、滑雪杖、雪橇等滑雪器材，以及架空索道、魔毯、雪地摩托、造雪机、压雪车等冰雪设备。与西方国家相比，我国的冰雪运动产业尚处于初级阶段，冰雪装备制造业的发展还存在着许多困难和问题，冰雪装备和设备的使用还有赖于进口，缺乏独立自主的国内冰雪装备品牌，因此要进一步强化冰雪装备制造业的支撑力量，推动冰雪装备制造的技术创新，打造我国自主研发的冰雪装备品牌。加大政府扶持，鼓励冰雪装备科技创新，优选国家体育工程技术研究中心及企业、有条件的高校和科研机构，自主研发出一批科技含量高、绿色环保、拥有自主知识产权、可替代进口的冰雪装备，培育具有高知名度的国内冰雪装备制造品牌②。构建京张冰雪运动产业协同发展新模式，打造资源共享、优势互补、共同发展的京张冰雪运动产业集聚地。例如，在北京市延庆区建设国家冰雪产业研发中心，在张家口市建设

---

① 陈思宇.京津冀冰雪旅游生态化发展的框架构建与路径选择［J］.北京体育大学学报，2018，41（10）：32-38.

② 卞志良.全力备战北京冬奥会［EB/OL］.看点快报，https://kuaibao.qq.com/s/20190315A06BV200，2019-03-15.

国家冰雪装备全产业链基地、国际冰雪相关装备交易中心，推动冰雪装备制造的技术创新。

2. 优化冰雪装备产品结构，完善产业支撑体系

我国冰雪装备产品结构较为单一，产品的附加值较低，同时冰雪装备制造企业规模偏小，缺乏创新性，所以我国冰雪装备制造还有很大的发展空间。可以通过优化冰雪装备产品结构，生产丰富多样、科技含量高、产品质量好的冰雪运动装备。以 2022 年北京冬奥会为契机，紧扣"带动三亿人参与冰雪运动"的需求，优化冰雪装备产品结构，建立较为完善的综合标准化体系，创建具有中国特色的冰雪运动装备产业园区，培养具有国际竞争力的冰雪装备企业和知名品牌，构建具有高质量、发展基础好的冰雪装备制造产业体系，在京津冀地区构建完整的冰雪运动产业链。完善冰雪装备制造产业支撑体系，引导重点企业、高校、科研机构、行业协会等部门联合修订有关冰雪装备制造的团体标准、行业标准和国家标准，建立完善的冰雪装备综合标准化体系。建立冰雪装备检验检测和认证机构，政府引导、鼓励高校和研究机构开展冰雪装备检验检测评价体系研究，设立冰雪装备认证机构，对冰雪器材定期进行检验检测，不断提升冰雪器材的质量。建立冰雪装备产业发展平台，促进政府、相关企业和科研机构的合作交流，积极提供产需对接、信息咨询、人才培训等相关服务①。

（三）发挥文化优势，发展大文化事业

1. 充分利用北京文化艺术资源，开展群众性冰雪文化活动

冰雪运动的发展离不开冰雪文化，文化的注入使冰雪运动更具文化内涵和体验性，从而提升人民群众对冰雪运动的喜爱和参与感。北京作为国家政治中心和文化中心，具备巨大的文化优势，要充分利用北京丰富的文化艺术资源，以冰雪运动为核心，以文化为内容，将北京的冰雪文化、春节文化、长城文化、奥林匹克文化、民俗文化与冰雪运动相融合，策划形式多样、内容丰富的人们喜闻乐见的群众性冰雪文化活动，推动冰雪"大文化"事业的发展。2022 年北京冬奥会的筹备极大地激发了群众的冰雪运动热情，要以此为契机开展丰富的冰雪活动，如开展冰雪春节文化活动，融入春节习俗，开展冰雪主题庙会、灯会、节庆等具备春节民俗文化和京味文化的群众冰雪活动，展现中国喜庆团圆、

---

① 工信部. 冰雪装备器材产业发展行动计划（2019—2022 年）［EB/OL］. http：//www.gov.cn/gongbao/content/2019/content_5430508.htm，2019-06-05.

欢乐吉祥的春节文化内涵；以长城为纽带，深入开展京张地区冰雪文化旅游，在居庸关、八达岭、慕田峪、山海关等著名长城景区开展长城冰雪国际冰雕节、冰雪运动体验活动等，积极弘扬众志成城、坚韧不拔的长城文化精神；结合奥林匹克文化，利用北京奥林匹克公园公共区建立集冰雪运动体验和观众服务于一体的冰雪主题乐园，在奥林匹克公园沿途设计具有中国民俗文化特点的冰雕作品，营造冰雪文化氛围，激发群众对冰雪运动的参与热情。

2. 创新冰雪运动+文化旅游融合模式，逐步形成冰雪运动新业态

充分利用北京的文化优势，创新冰雪运动与文化旅游产业的融合模式，积极培育冰雪运动新业态。一是重点打造冰雪体育旅游小镇新业态。以乡村为主体，与延庆地区共同打造独一无二的山区冰雪旅游小镇，以开发冰雪度假或滑雪度假旅游产品为主，通过招商引资重点建设中高端度假村及度假酒店，通过不断更新度假旅游设施及活动提升游客的体验质量。二是打造冰雪文化演艺新业态。与北京文化资源相融合，搭建冰雪文化演艺剧院，打造具有故事情节的冰雪文化演艺剧目，开发冰上芭蕾、花样滑冰、冰球、冰壶等观赏性强的冰雪表演节目，丰富冰雪运动产品类型的同时发扬中华优秀传统文化。三是打造冰雪旅游节事新业态。以2022年北京冬奥会为契机，融入北京春节文化、长城文化、民俗文化，在重要的时间节点开展冰雪文化节、冰雪文化会展、冰雪赛事旅游等活动，同时继续办好北京市"快乐市民"欢乐冰雪季、冬奥主题庙会灯会、北京冰雪文化旅游节、北京奥运城市体育文化节等系列活动。

3. 打造冰雪运动+文化的青少年冰雪研学旅游

北京深厚的历史文化底蕴和丰富的文化艺术资源，可以促进冰雪运动与文化旅游融合的青少年冰雪研学旅游的开展，培养青少年冰雪运动技能，推进"百万青少年上冰雪""校园冰雪计划"的发展，推动青少年冰雪运动的普及。在2022年北京冬奥会的背景下，北京市政府对青少年冰雪运动的开展给予了极大的关注，北京市教委协同市体育局、各区学校等相关部门，从课程、文化、活动等方面推进冰雪运动进校园，多措并举促进青少年的全面发展，推动冰雪运动在青少年日常学习生活中的普及。北京市要重点开展青少年冰雪运动研学旅游和主题教育，融合北京市中小学生"社会大课堂"活动，特别是青少年的生活与哲学，使更多的北京青少年走进冰雪、亲近自然，激发学生的冰雪运动知识，通过综合实践活动课程、体育课程、德育活动等方式，开展奥林匹克主题教育，成为北京市乃至全国的研学旅行基地，不断推动校园冰雪运动的普及及发展。筹备青少年冰雪赛事，积极开展相关冰雪教学竞赛和展示活动，组织

全国青少年冰雪冬、夏令营，不断引导青少年参加冰雪、热爱冰雪，2020年，北京市已基本建立起包含短道速滑、花样滑冰、冰壶、滑雪在内的青少年冬季项目U系列冠军赛竞赛架构①。同时，要重点结合北京故宫文化、长城文化、奥林匹克文化，设计具有教育意义的冰雪研学旅游路线，让青少年体验冰雪运动的同时更加深入地学习中华优秀传统文化。

（四）挖掘国内市场，参与国际竞争

1. 做好国内市场挖掘，建设国际一流的冰雪运动场地

做好冰雪运动产业的国内市场挖掘，根据不同的市场细分，打造出满足人们多样化需求的冰雪运动品牌。首先，以实现"带动三亿人参与冰雪运动"和"全民健身"为目标，结合冰雪文化节和大型赛事活动，融合北京的民俗文化、长城文化、奥林匹克文化，建设一批国际一流、配套齐全、业态丰富、特色鲜明的滑雪场、滑冰场，满足群众性冰雪运动的需求。同时，赋予冰雪场地丰富的休闲功能，将专业冰雪运动与高端冰雪度假休闲结合起来，如在延庆、昌平等地以滑雪运动为主题，以休闲度假为核心，打造出安全、时尚、休闲的高品质冰雪旅游胜地，构建集酒店住宿、户外俱乐部、美食餐厅、购物中心、银行、超市、纪念品商店等服务配套于一体的冰雪运动产业集群，满足中高端冰雪运动消费者的需求。其次，推进冰雪运动与冰雪度假养生的结合，以奥林匹克冰雪旅游小镇为依托，发挥延庆区北山带温泉疗养特色，打造集休闲、养生、娱乐主题于一体的冰雪度假养生胜地，发挥冰雪旅游在"健康中国"行动中的作用。最后，要结合北京市冰雪资源空间分布特征，联通北京故宫、长城、天坛等著名历史文化景点，设计出符合国内大众化市场需求的冰雪文旅旅游路线②。

2. 打造世界级冰雪运动产业集聚区，提升国际竞争力

以2022年北京冬奥会为契机，在京张地区打造世界级冰雪运动产业集聚区，提升冰雪运动产业国际竞争力。目前国内滑雪企业经营较为分散，缺乏合作型的经营模式，应鼓励单一型冰雪运动企业强强联合，同时与文化旅游产业、体育产业、信息服务产业等相融合，实现区域冰雪产业良性循环发展，建设一批融滑雪、登山、徒步、露营、餐饮、健身娱乐、旅游体验等多种活动于一体

①　北京市体育局. 冰壶、短道速滑冠军赛掀起北京市青少年体育赛事高潮［EB/OL］. http：// www. sport. gov. cn/n14471/n14472/n14509/c966627/content. html，2020-10-18.

②　张瑞林、徐培明、李凌、翁银、王伟. "美好生活向往"价值取向量度下冰雪休闲服务业的转型研究［J］. 沈阳体育学院学报，2020，39（4）：87-94.

的复合型冰雪运动目的地，充分发挥产业集群优势对外进行冰雪旅游国际竞争。借鉴国外知名冬季体育品牌的经营经验，打造出科技含量高、可替代进口、绿色环保的冰雪装备制造产业园区，同时在产业园区周边开设冰雪运动培训学校、设立医疗保障机构，最终在京张地区形成集冰雪运动、装备制造、休闲、度假、康养、教育、医疗于一体的世界级冰雪运动产业集聚区，从而提升冰雪运动产业的国际竞争力。

第六章

打造东方重要的冬季文化旅游中心和国际人文交往高地

围绕国家提出的"带动三亿人参与冰雪运动"的战略目标，以 2022 年北京冬奥会举办为契机，发挥首都北京的辐射带动作用，借鉴阿尔卑斯地区冰雪运动产业发展经验，整合京津冀、带动华北、辐射东北的冰雪和文化旅游资源，推进冰雪与文化的深度融合，坚持国际化、品质化、精细化的发展理念，构建冰雪运动、高端度假、文化体验、大型国际交往、国际性赛事、冰雪培训、冰雪装备制造、文化创意、体育服务等于一体的冰雪旅游产业体系，打造以阿尔卑斯地区为追赶目标的东方重要的冬季文化旅游中心和国际人文交往高地，带动全国冰雪产业高质量发展。

一、环阿尔卑斯地区冰雪产业发展研究

阿尔卑斯地区滑雪场数量多、品质高。当前，全球有 67 个国家拥有设施齐全的室外滑雪场，总数量 6000 个左右，其中阿尔卑斯地区（指属于欧洲阿尔卑斯山脉的国家，如奥地利、法国、意大利、列支敦士登、斯洛文尼亚和瑞士）滑雪场数量占全球滑雪场总数的 1/3。全球具备四条以上提升设备的滑雪场有 2084 个，其中约 770 个在阿尔卑斯地区，占全球总量的 37%。全球有 26109 部滑雪场提升设备，39%集中于阿尔卑斯地区。全球有 51 家滑雪场冬季平均滑雪人次突破百万，其中 80%位于阿尔卑斯地区。

阿尔卑斯地区每年吸引近一半全球滑雪者。全球年滑雪人次在 4 亿左右，滑雪者群体为 1.3 亿人，阿尔卑斯地区是世界上最大的滑雪胜地，吸引了全球 44%的滑雪者。全球滑雪人次最多的滑雪场是位于法国东南部的拉普拉涅滑雪场，近几年，雪季的平均滑雪人次约达 240 万。

阿尔卑斯地区云集了一批有影响力的国际组织。阿尔卑斯地区城市对外开放水平高，在冰雪旅游的发展和带动下，云集了一批有着世界影响力的世界组

织，包括各国议会联盟、联合国教科文组织、国际红十字会、国际贸易组织、世界卫生组织、世界知识产权组织等。

阿尔卑斯地区是世界知名的人文交往中心。一方面，围绕冰雪旅游，阿尔卑斯地区形成了瑞士格林德沃世界雪节、奥地利雪暴节等闻名世界的冰雪节庆活动，并先后多次举办自由式滑雪世界锦标赛、世界高山滑雪锦标赛、世界单板滑雪锦标赛、国际雪联滑雪世界杯和世锦赛等国际赛事活动；另一方面，阿尔卑斯地区每年有数千场国际人文交往活动。日内瓦每年召开近 3000 个国际性会议，每年直接收入超过 700 亿美元。除此之外，日内瓦每年还举办 50 多场全国性和国际性展览会，展出面积超过 50 万平方米。

阿尔卑斯地区已经形成了较为完善的冰雪产业链条。阿尔卑斯地区的冰雪产业已经成为瑞士、奥地利、法国等多个国家山区的主导产业和支柱产业，形成了集冰雪运动、高端酒店、冰雪赛事、国际会议、国际会展、冰雪培训、冰雪制造等于一体的较为完整的多元化的产业链条。目前奥地利近 40 万人的就业岗位直接或间接与冰雪体育用品有关，所创造的产值达 200 亿欧元。瑞士已经形成了集滑雪运动、冰雪度假、高端酒店、零售业、政商会议、国际赛事、滑雪培训、冰雪产业装备制造于一体的产业体系。

二、发展目标

我国已有滑雪场 742 个，拥有 5 条及以上提升设备的仅占 11%。滑雪人口约有 1300 万，滑雪渗透率（滑雪人口占国家总人口的比例）仅为 1%。环北京地区的冰雪产业规模就更小了，2018—2019 年滑雪季，张家口崇礼的冰雪旅游人次仅超百万，这与阿尔卑斯地区的冰雪旅游相比存在较大差距。

要把握好举办冬奥会的重大战略机遇，围绕国家提出的"带动三亿人参与冰雪运动"的战略目标，到 2035 年，将以北京为核心，整合京津冀、辐射华北和东北地区的环北京冰雪运动与文化旅游圈打造成为东方重要的冬季文化旅游中心与国际人文交往高地。

近期（2021—2025 年）：到 2025 年，环北京地区滑雪场总量超过 200 家，打造形成 1~2 个接待规模超过百万人次的雪场；接待冰雪旅游人数达到 5000 万人次，带动 1 亿人上冰雪；游客平均停留天数超过 4 天，人均消费超过 5000 元；累计举办国际冰雪赛事 2~3 场，打造 1 个具有世界影响力的冰雪旅游节庆活动；年举办的国际性大型人文交往活动超过 100 场；知名滑雪运动学院 10 家以上，滑雪运动指导员达到 1 万人；冰雪装备制造业产业规模达到 3000 亿元。

中远期（2026—2035 年）：到 2035 年，环北京地区滑雪场总量超过 400 家，接待规模超过百万人次的雪场达到 15 个；接待冰雪旅游人数达到 1.5 亿人次，冰雪渗透率达到 15% 左右；游客平均停留天数超过 7 天，人均消费超过 12000 元；每年举办国际冰雪赛事 1 场，打造具有世界影响力的冰雪旅游节庆活动超过 3 个；年举办的国际性大型人文交往活动超过 500 场；知名滑雪运动学院 50 家以上，滑雪运动指导员达到 10 万人；冰雪装备制造业产业规模达到 10000 亿元。

三、重点发展八大冰雪文化旅游要素形态

冰雪文化旅游是一项涉及经济、社会文化和自然环境等诸多方面的复杂行为。冰雪文化旅游功能系统是对旅游活动的一种抽象概括，所包含的基本要素和形态是旅游活动的本质组成部分。津冀地区的冰雪运动与文化旅游融合发展，需要明确核心的旅游功能，旅游要素形态的发展重点，为打造东方重要的冬季文化旅游中心和国际人文交往高地提供核心支撑。借鉴阿尔卑斯冰雪旅游地区的发展经验，重点发展八大旅游要素形态。

（一）滑雪场

目前我国大多数滑雪场的装备仍然很差，仅有 25 家滑雪场接近西方标准，大部分不具备住宿条件。亟须加快构建形成布局合理、类型多样的滑雪场地设施网络。

第一，优化升级，打造一批高品质滑雪场。在北京市延庆区、张家口市、承德市、乌兰察布市等山地区域，布局 10~15 个高端滑雪场。一是配套多种级别滑雪道。参照阿尔卑斯地区的高端滑雪场建设标准，建设集黑道、红道、蓝道、绿道于一体的滑雪场，满足各类人群的滑雪需求。二是配套高山索道、魔毯等提升设备，造雪机、压雪机等造雪、平雪设施。三是提供溜冰、狗拉雪橇、游泳、保健、雪地漫步、登山、滑翔伞、三角翼、室内攀岩、雪地摩托、保龄球等室内外娱乐项目。四是争取获得国际滑雪委员会（FIS）的认证，为举办滑雪赛事等奠定基础。

第二，围绕城市，布局一批中小型滑雪场。加大城市周边小型滑雪场的布局建设，专门服务于初级、中级水平的滑雪爱好者。重点围绕北京市区、天津

市区、张家口市区、保定市区、唐山市区、秦皇岛市区等区域，建设室内、室外相结合的初级滑雪场，配备必要的滑道、提升设备、娱乐设施，以及安全保障设施，同时针对初学者的需求配专业滑雪教练以提供指导。

第三，规范发展，推动制定《冰雪运动场地建设标准》。借鉴国内外冰雪运动场地建设标准，针对我国自然环境、山形地貌特点，制定指导冰雪运动场地建设的标准、滑雪场地等级划分、各级别滑雪场的设施标准、滑道坡度宽度等标准、基础设施和公共服务设施要求、休闲娱乐设施配套要求等内容，健全冰雪运动场地设施建设与管理标准体系，推进雪场规范化、标准化发展。

第四，加强扶持，完善支持雪场建设的政策配套。一是政府加大资金扶持，支持有条件的地区建设冰雪运动场地。二是健全投资机制，推广与运用政府和社会资本合作的模式，吸引社会资本共同参与冰雪运动设施的建设运营。鼓励支持私募股权投资基金、创业投资基金及各类投资机构加大对冰雪运动场地设施建设的投资力度。三是鼓励社会力量通过改造旧厂房、仓库、老旧商业设施等建设冰雪运动场地。四是各地完善土地政策，积极保障冰雪运动场地发展用地空间。

（二）国际冰雪文化旅游度假区

以滑雪场为依托，以地方文化为内涵，融合生态康养、休息娱乐、主题度假等复合功能，配套国际高品质度假设施，打造一批国际一流的冰雪文化旅游度假项目。

第一，合理布局国际冰雪文化旅游度假项目。在延庆小海坨、张家口崇礼区、张家口张北县、承德市等山地区域，开发一批具有国际水准、突出地方文化特色的冰雪文化旅游度假项目，使其成为京津冀冰雪运动与文化旅游融合发展的核心板块、东方重要的冬季文化旅游中心与国际人文交往高地的主要承接地。

第二，引导发展多种形态的冰雪文化旅游度假项目。一是鼓励万达、万科、探路者等有实力的房地产企业、冰雪装备制造企业投资开发冰雪文化旅游度假区。二是引导滑雪场周边乡镇，打造冰雪旅游主题小镇。三是鼓励和支持周边有条件的乡村，打造精致化、特色化、品质化冰雪度假村。

第三，因地制宜地发展多元化休闲度假业态。一是着力打造高星级、豪华型度假酒店集群，符合东方重要的冬季文化旅游中心与国际人文交往高地的品质要求。二是鼓励发展精致的冰雪文化度假木屋集群，配套优质的住宿设施、餐厅、温泉、艺术健身房等，内部装潢要融入地方文化元素。三是打造精品购物街，植入国际品牌精品店、星级餐厅、免税店、酒吧、书屋、艺术馆、文化体验工坊等业态。

第四，冰雪与文化深度融合，展示地方传统特色。要将冰雪运动与地方文化旅游深度融合，打造具有东方文化特色的冬季滑雪度假胜地。一是在酒店、度假小镇和度假村的建筑风貌上突出中国北方地区的建筑特色，同时融入现代化的元素。二是策划开展具有中国北方特色的传统节日活动，让度假游客深刻感受地方文化。三是提供能够反映中国北方文化特色的美食。

（三）滑雪运动学院

我国的滑雪培训产业发展尚不成熟，雪场受季节与地域限制、人才缺乏等原因的影响，导致滑雪培训市场仍不成熟。下一步要以冬奥会的举办为契机，加快推动滑雪运动学院的发展，促进滑雪培训产业的规范化、成熟化。

第一，鼓励和引导建立滑雪学院，开展培训工作。一是依托顶级滑雪场、冰雪文化旅游度假区，建立室内外滑雪培训学院，针对初学者、中级者和高级者开展不同级别的冰雪运动培训课程。二是鼓励扶持有条件的高等学校和职业学院设置和发展冰雪运动相关专业，开展冰雪运动培训。

第二，加强对滑雪培训课程体系的研究和指导。组建专家委员会，借鉴国外的滑雪培训课程体系，构建具有指导意义的冰雪运动教学体系。针对初学者、中级者、高级者，从单板、双板、越野滑雪、高山滑雪、滑冰等不同专业技能方向开发设置教学课程。

第三，研究建立滑雪指导员认证体系。针对滑雪教练稀缺的问题，借鉴美国、加拿大、法国、奥地利等国家的认证方法，建立我国滑雪指导员认证体系。

第四，进一步加强滑雪培训人才队伍建设。一是支持冰雪退役运动员从事冰雪运动教育培训工作，通过指导员认证，参与滑雪培训。二是全面加强冰雪运动的国际合作力度，积极引进符合资质的欧美高水平教师、教练员来华任教。三是实施"体育类人才公派出国留学项目"，选派有潜力的人才到欧美滑雪高水平国家学习，提升技能。

（四）标志性赛事与节会活动

体育赛事对于地区经济增长具有促进作用，对各行各业都有不同程度的促进作用，尤其是对经济发展作用更为明显，对经济的带动作用持续时间更为持久。要想成为东方重要的冬季文化旅游中心与国际人文交往高地，京津冀地区也要打造一批节庆赛事活动，提升城市形象、冰雪旅游影响力，拉动消费，带动经济增长。

第一，积极申请举办具有国际影响力的冰雪运动赛事。争取将世界高山滑雪锦标赛、自由式滑雪世界锦标赛等国际冰雪赛事活动的举办列入体育总局年度外事活动计划，并按照规定和审批权限，报体育总局或报国务院审批。

第二，策划举办具有地方特色的标志性赛事活动。由国家体育部门与京津冀地方部门联合，利用冬奥会场馆和接待设施，融入地方文化元素，策划在崇礼、延庆等区域打造 1~2 个独具特色同时可以广泛参与的标志性赛事活动，并快速形成影响力，成为国内外冰雪爱好者竞相参加的比赛。

第三，设计形成一批适合大众参与的冰雪节庆赛事活动。由京津冀地区体育部门联合策划，组织举办一些类似于北京马拉松比赛赛事以及冰雪嘉年华、冰雪旅游日、冰雪娱乐节等，可以让大量群众通过旅游方式参与的冰雪节庆赛事活动。

第四，完善赛事活动基础设施和公共服务设施。加快推进滑雪场、滑冰场等专业赛场的建设，为赛事活动提供场地。逐步构建冰雪运动赛事服务人才队伍，为赛事活动的举办提供专业的服务。结合赛事活动场地，加快基础设施建设，完善住宿、餐饮、文化体验等服务功能。

（五）重大国际交往活动

举办重大国际交往活动可以展示城市文化和城市形象，是提高城市全球营销能力的重要手段。要充分利用北京的首都地位带来的国际交往机会和资源，积极培育打造重大国际交往活动，将京津冀冰雪旅游区打造成为承担我国重大外事活动的重要舞台，吸引国际高端要素集聚，带动全球性政治、经济、科教和文化资源流入，注入国际元素，使其成为真正的东方重要的冬季文化旅游中心与国际人文交往高地。

第一，积极培育国际重大外事交往活动。借鉴重大外交活动的举办经验，结合国家对外开放的战略政策，依托高端冰雪旅游度假区，策划打造 1~2 场政界、商界领域的国际化、专业化、品牌化的重大外事交往活动。借助交往活动，让各国政界、商界精英在冬季齐聚冰雪文化旅游胜地，扩大京津冀冰雪文化旅游区的国际影响力。

第二，着力构建重大国际外事活动运行保障体系。加快完善国际会议会展、国际金融管理、国际文化体育交流功能，营造高品质的城市环境。加强国际社区、涉外教育、医疗服务、防疫检疫等公共服务设施建设，全方位提升公共卫生应急管理能力，构建辐射区域、高效便捷的交通体系支撑保障。

（六）国际组织机构

国际组织机构"落户"，对国家和城市的发展都将起到相当大的助推作用。要加大力度吸引相关的研发中心、培训基地等类型的国际组织机构或区域性国际机构入驻，带动城市形象、经济、文化软实力等的快速发展。

第一，将吸引国际组织机构落户纳入京津冀地区长期战略规划，精准定位，明确重点。从战略上重视吸引国际组织机构落户工作，纳入长期战略规划。结合冬奥会的冰雪运动设施资源、会议会展设施设备，发挥首都的开放优势，吸引国际经济、教育、科研、环保等各类国际组织机构入驻，互通信息，开展互补合作。

第二，研究制定务实的支持措施和优惠政策，增强对国际组织机构的吸引力。积极争取相关部门结合京津冀地区实际情况、根据相关规划部署，制定提供给落户的国际组织机构的支持措施和优惠政策。

第三，不断提升国际化水平，改善吸引国际组织机构入驻的综合环境。驻在地的国际化水平是国际组织选择驻在地的一项重要指标。要在硬件建设、软件服务、公共管理、国际化人才培养和引进、语言环境等方面加大投入力度，加快京津冀地区国际化进程，改善吸引国际组织机构入驻的综合环境，营造对国际组织机构有吸引力的国际化氛围。

（七）冰雪装备制造产业园

冰雪装备器材产业作为冰雪产业的主要细分领域之一，是我国冰雪产业发展中存在的一大短板。我国冰雪运动起步较晚，冰雪装备制造业企业较少，尚未形成具有国际影响力和知名度的品牌企业，市场占有份额较低。2022年北京冬奥会的举办为我国冰雪产业迎来快速发展的黄金期，要借势而为，依托京津冀及周边拓展地区，推动冰雪装备制造产业做大做强。

第一，加强顶层设计，规划冰雪制造产业园。加快推动北京、天津、河北、内蒙古各地成立冰雪产业推进办公室，统筹谋划，在承德、天津、延庆、内蒙古等地规划建设冰雪装备制造产业园。研发和生产造雪机、索道、滑雪板、滑雪服、眼镜和头盔等冰雪装备。

第二，强化政策支撑，保障冰雪制造产业发展。京、津、冀、蒙在各地加快建立推动冰雪产业发展的办公室或领导小组的同时，应研究制定优先保障项目发展用地、提供产业发展资金支持和人才奖励等支持冰雪装备产业发展的措施。

第三，优化营商环境，推动冰雪制造企业入驻。各地应注重加强服务，出台减免房租、减免税收等招商优惠政策，优化冰雪制造业发展的营商环境，吸引冰雪装备制造产业入驻。打造冰雪科技企业孵化器，为初创期冰雪装备企业提供一条龙服务。

（八）"冰雪+文化"产业集群

"冰雪+文化"产业集群是以冰雪产业和文化产业为主导，通过冰雪运动和文化旅游等活动带动上下游产业和横向相关产业组成的产业体系与产业群体的聚集与集成。

第一，加强产业分工协作，构建冰雪文化旅游产业链。积极推进冰雪产业内容、业态和商业模式的创新，强化政策引导，推动产业合理布局，差异化布局滑雪场、高端度假项目、文化体验活动、大型国际交往活动、国际性赛事、冰雪培训、冰雪装备制造、文化创意、体育服务等产业业态，构建冰雪文化旅游产业链，形成大冰雪文化旅游产业体系，促进冰雪产业规模发展，成为全球冰雪文化旅游产业高地。

第二，优先打造北京城区、延庆、张家口三大"冰雪+文化"产业集群。借助冬奥会的契机，围绕北京城区、延庆和张家口着力打造三大"冰雪+文化"产业集群，形成示范和带动作用。北京城区主要以高端时尚和大众参与为特色，完善专业赛事、冰雪运动、休闲体验、文化展示等活动和产业链，集聚形成城市冰雪和文化产业群。延庆围绕小海坨、妫水两大核心区，构建具有延庆特色的以冰雪运动为核心、以文化旅游为补充的冰雪和文化创意产业集群。张家口以崇礼为核心，构建形成冰雪运动、文化旅游、教育培训、赛事服务以及冰雪运动装备研发、制造、销售等"冰雪+文化"的全产业链集群。

第三，总结推广经验，推动周边地区的产业集群落地。总结推广延庆、张家口的发展经验，推动承德、廊坊、唐山、秦皇岛、天津、乌兰察布等地打造一批"冰雪+文化"产业集群。

四、区域发展战略路径

（一）加快推进区域一体化发展

打造一个统一的旅游目的地，特别是国际旅游目的地，内部的区域旅游一体化发展是首要前提。要打造东方重要的冬季文化旅游中心与国际人文交往高地，需要从旅游区域协作层面上升为打破行政界限、构建有机统一的完整旅游目的地。

举措一：强化政府间合作，实现协调发展。一是强化政府间的交往与合作，建立推动区域冰雪运动与文化旅游融合发展的专题小组和办公室，共商冰雪文化旅游发展思路。由北京牵头成立冰雪运动与文化旅游融合发展联席会议，定期就区域交通互联、产业互动、产品共建等重大问题进行协商。二是建立以政府为引导、市场为主导的推进机制，相互配合，推进环北京地区冰雪旅游产业的有序、健康发展。

举措二：做好顶层设计，统筹推进区域发展。坚持中央统筹、省负总责、各地区抓落实的工作机制，统筹安排环北京地区冰雪运动与文化旅游融合发展的建设制度、规划、政策等设计，统筹推进区域的冰雪和文化旅游融合发展进程，形成良性发展态势。具体包括：构建统一的"1+N"规划体系；实施旅游项目一体化管理服务；实施动态化监管和评估。

举措三：建设环北京地区冰雪文化旅游行业联盟。借势冬奥会，面向国内外冰雪领域业界，成立环北京地区冰雪文化旅游行业联盟，联合上下游增强产业的内在韧性和自身实力，扩大冰雪运动的影响力。加快研究制定冰雪文化旅游产业联盟公约或章程；设立联盟理事会，负责公约的实施和履行；定期举办行业联盟大会；加强行业自律，建立健全统一管理制度，推进标准化发展。

举措四：打通环北京地区冰雪文化旅游交通网络体系。以冬奥会的举办为契机，不断推进环北京地区冰雪文化旅游交通网络体系的建设，构建"零距离"换乘、便捷顺畅的一体化旅游交通服务体系，提升冰雪文化旅游区的可进入性，增强旅游区之间的互联互通，强化交通枢纽与旅游区的无缝衔接。推进国际级机场群建设，拓展环北京地区国际旅客进入通道；加密国际航空网络，拓宽国际航班的覆盖区域；积极推进轨道交通建设，构建一体化城际快轨交通通廊。

举措五：构建环北京地区冰雪文化旅游集散服务体系。重点以现有旅游集散服务中心之间的合作为切入点，构建覆盖主要冰雪文化旅游中心区、重点冰雪文化旅游景区、机场、车站、高速公路服务区等的旅游咨询中心体系。建立北京首都机场、太子城高铁站2个一级旅游集散中心；在河北、天津的机场以及北京、天津、河北、内蒙古重要冰雪文化旅游城市的高铁站建设二级旅游集散中心；在交通枢纽、高速公路服务区以及各重要旅游项目节点游客集散换乘区域设置三级旅游集散与咨询服务中心。

举措六：搭建环北京地区冰雪文化旅游线上服务总入口。研究讨论搭建"环北京地区冰雪文化旅游"服务平台，并与京津冀和周边省级智慧旅游平台相联通。实施环北京地区冰雪文化旅游二维码遍及工程。以智慧旅游探索构建环北京地区冰雪文化旅游区域性一体化运营平台。

（二）加快推进区域品牌化发展

品牌化是建设东方重要的冬季文化旅游中心与国际人文交往高地的关键路径，是提升京津冀乃至华北地区冰雪和文化旅游国际吸引力、增强旅游市场竞争力的重要手段，是促进东方重要的冬季文化旅游中心与国际人文交往高地、京津冀地区冰雪旅游走向世界的重要驱动力。

举措一：推出"东方重要的冬季文化旅游中心与国际人文交往高地"形象品牌。借势北京冬奥会，立足北京延庆、张家口崇礼等地的高品质滑雪场设施，结合北京、天津、河北、内蒙古厚重的历史文化和少数民族文化，发挥北京首都的开放包容的优势条件，打造"东方重要的冬季文化旅游中心与国际人文交往高地"的冰雪运动旅游品牌，使之成为环北京地区冰雪运动与文化旅游融合发展的 IP。

举措二：构建环北京冰雪运动和文化旅游品牌体系。充分发挥品牌引领作用，推出冰雪文化旅游景区、精品旅游线路、节庆赛事活动、国际交往活动的系列品牌，形成支撑"东方重要的冬季文化旅游中心与国际人文交往高地"形象的旅游品牌体系。

举措三：建立统一共享的旅游营销机制。整合京津冀乃至华北地区的文旅部门、体育部门，深化合作，构建多层次、分等级、有分工的多元营销主体，系统推进各项营销推广工作。成立环北京地区冰雪运动与文化旅游营销委员会；利用环北京地区冰雪文化旅游行业联盟加强整合营销；建立环北京地区冰雪运动与文化旅游形象推广站；建立冰雪运动与文化旅游统一营销基金。

举措四：精准营销，率先突破京津冀、日本和韩国、"一带一路"沿线国家三大市场。制定京津冀冰雪与文化旅游市场推广十年发展计划，设立专项资金用于冰雪文化旅游推广。制订日本和韩国冰雪与文化旅游市场突破计划，策划打造具有地域特点的冰雪与文化主题旅游线路，吸引日本和韩国游客，逐渐撬动日本和韩国冰雪旅游市场。制定"一带一路"沿线国家冰雪与文化市场推广专项工作。积极开展旅游年活动，将冰雪文化旅游推广出去。

举措五：加大对区域冰雪运动与文化旅游的品牌推广力度。采取事件营销、网络营销、深度营销、奖励营销等方式，加强国际品牌推广，大大提升京津冀地区冰雪文化旅游在全国乃至全球的品牌知名度和影响力。

（三）加快推进区域国际化发展

推进国际化发展是提升区域旅游国际化水平、打造东方冬季文化旅游中心与国际人文交往高地的重要战略途径。必须按照建设国际旅游城市的标准和要求，大力推进目的地对外开放，完善国际旅游出入境政策，优化国际旅游消费环境，拓宽国际旅游消费空间，创新国际旅游交流平台，全面提升京津冀乃至华北地区冰雪运动和文化旅游的国际化水平。

举措一：扩大对外开放水平。要打造东方重要的冬季文化旅游中心与国际人文交往高地，必须在目前的出入境政策基础上，扩大过境免签的范围，延长过境免签停留时间。可借鉴海南国际旅游岛的开放政策，探索将免签国家扩大到 59 个，过境免签时间延长到 15~30 天。

举措二：大力培育国际旅游消费新空间。不断适应国内外游客旅游休闲、娱乐消费新需求，拓展旅游消费空间，培育旅游夜间消费，发展新型旅游消费业态，提升国际旅游消费水平，刺激和拉动经济发展。增设外币兑换服务点，开展入境游客移动支付试点服务等。

举措三：构建国际旅游品质接待服务体系。旅游住宿服务是入境游客选择目的地时考虑的重要因素之一。构建一流的住宿设施体系，对于提升旅游目的地的国际形象和国际吸引力具有重要意义。要大力引进国内外知名酒店品牌；积极推进传统星级酒店品质化发展；引导住宿业特色化、精品化、多元化发展。

举措四：营造国际化旅游环境。加快推进国际化旅游服务质量体系建设，推进国际语言环境和旅游信息化服务建设，完善自驾车旅游入境服务体系，营造国际化的旅游环境。构建与国际接轨的旅游服务质量体系；推进国际语言环境建设；加强针对外国人的旅游信息化服务；建立入境自驾游服务体系。

举措五：强化国际交流，打造一批标志性国际赛事和会议活动。借鉴瑞士、法国等地的发展经验，加快推进对研发中心、培训基地等多种类型国际组织机构的引进，以"一带一路"国家战略、冬奥会等为突破口，打造可以媲美达沃斯论坛的国际政商交流活动。利用好冬奥会的冰雪设施，报请国家体育总局，积极承办世界高山滑雪锦标赛、自由式滑雪世界锦标赛等国际性冰雪运动赛事。积极策划国际滑雪节、国际冰雪嘉年华等全球性冰雪文化旅游活动。

（四）加快推进区域市场化发展

市场化是资源配置的最有效方式，可以最大限度地发挥市场主体和生产要素的自由流动、公平竞争和有效激励，激发市场经济的内在活力。必须始终坚持"政府引导、市场运作"的旅游业发展基本方略，大力推进市场化改革，优化要素配置，激发市场活动，促进公平竞争，为建设东方重要的冬季文化旅游中心与国际人文交往高地创造更公平、更高质量、更富效率、更可持续的发展环境。

举措一：完善市场准入负面清单与退出机制。按照"非禁即入"原则，进一步放宽准入限制，定期评估、排查、清理各类显性和隐性壁垒。按照市场化、法治化原则，建立健全市场主体退出制度，提高市场重组、出清的质量和效率，促进市场主体优胜劣汰和资源优化配置。要认真落实市场准入负面清单制度；实行统一的市场准入制度。

举措二：建立专项发展基金。设立东方重要的冬季文化旅游中心与国际人文交往高地的专项基金；明确专项发展基金的投向；建立重点项目库，为冰雪产业基金储备优质项目。

举措三：扶持和支持冰雪与文化旅游企业跨区域经营发展。各地要加强合作，完善政策，支持旅游企业跨区域经营发展。要联合研究制定出台支持冰雪运动和文化旅游企业做大做强、跨区域经营的政策；出台奖励政策，针对跨区域经营且形成一定规模的冰雪场地设施建设、冰雪文化旅游度假区建设、冰雪文化装备器材制造、文化旅游等企业给予资金奖励。支持冰雪文化旅游企业挂牌上市融资。对在沪、深交易所主板（中小板）、创业板、科创板上市和在境外主板、创业板上市的冰雪企业给予资金奖励。

举措四：建立安全旅游诚信体系。创新和完善治理体系和治理能力，维护平等交换和公平竞争，加强有效监管，建立规范有序、和谐稳定的冰雪运动和文化旅游大市场，为冰雪与文化旅游市场主体创造良好的发展条件。

举措五：建立联合市场监督检查机制。探索适合新技术、新产品、新业态、新模式发展的监管方式，形成"服务+执法"有机结合的综合管理体系。加强游客权益保护，净化冰雪旅游消费环境，建立便捷快速的投诉体系，打造安心舒适的冰雪和文化旅游体验感。

第七章
创新组织区域产业和空间发展体系

一、区域产业和空间发展总体格局

以冰雪运动产业为依托，以文化和生态旅游资源为基底，以城市发展水平为支撑，结合山水格局和交通路网结构，构建以圈层发展模式为主体、重大文化和旅游带为空间骨架、旅游片区为支撑的空间发展格局。

（一）构建空间四圈层结构

核心层：北京奥体中心区、延庆区、张家口崇礼区。核心层是环北京冰雪旅游的中心区，是冰雪运动设施、冰雪度假设施、冰雪文化旅游消费设施高度集中的区域，也是国际交往、人文交流、节庆赛事活动的主要举办地。

中间层：北京市、张家口市。中间层是环北京冰雪文化旅游圈重要的城市依托、服务基地、产业基地。北京作为一级服务中心，要发挥更多的国际交往功能和服务基地功能；张家口作为次级服务中心，要承接更多的服务基地和产业基地功能。

联动层：承德市、保定市、天津市、廊坊市、唐山市、秦皇岛市、大同市、雄安新区、乌兰察布市、石家庄市、沧州市。以核心圈层的高端冰雪文化旅游度假区为龙头，联动天津、河北、山西等地区城市，集聚中小型滑雪场、冰雪小镇、冰雪度假村、度假酒店、冰雪产业园，形成环北京冰雪文化旅游圈。

辐射层：主要包括东北地区、西北地区、南方高海拔地区以及重点旅游城市。辐射层是2022年北京冬奥会带动全国冰雪文化旅游发展的拓展区。

（二）构建五大文化旅游带

奥运与体育文化带。以京张城际铁路、京藏高速等交通干道为主轴，串联北京五棵松体育馆、北京奥体中心、延庆小海坨、张家口崇礼区太子城等重要冰雪文化旅游项目，打造以奥运文化为主题特色、冰雪运动为主导功能的奥运与体育文化旅游带，使其成为国内外游客深度体验北京奥运文化、感受中国体育魅力的主轴线。

长城历史文化带（大同—秦皇岛）。以京藏高速、京哈高速、铁路京包线和京秦线为主轴，对接长城国家文化公园的建设，以长城历史文化为主题特色，以历史文化体验和冰雪运动为主导功能，构建山西大同—秦皇岛的长城历史文化带。

太行—燕山生态文化带。以太行山山脉、燕山山脉为主轴，以森林生态为基地，立足山形地貌、生态环境，以冰雪运动为主导，辅以精品观光、山地运动、生态康养等功能业态，构建太行—燕山生态文化旅游带。

京（廊）津（唐）秦现代经济与文化带。以京津高速、长深高速、京哈高速以及铁路专线为主轴，突出北京、天津、唐山、秦皇岛地区的经济文化特色，与冰雪产业联动发展，扩大对外开放水平，构建现代经济与文化带。

现代农业休闲旅游带。串联天津、北京、河北、内蒙古等重要的现代都市农业经济区，大力发展休闲农业旅游，与冰雪运动项目形成互补。

（三）构建六大文化旅游片区

世界体育文化产业集聚区（奥体中心）。利用好夏季、冬季两次奥运会的品牌影响力，加快形成优质冰雪运动、国际冰雪赛事、国际冰雪展销、专业组织总部、冰雪文化旅游服务人才等要素的集聚，构建世界体育文化产业的高地。

延庆冰雪与生态文化旅游片区（海坨山—妫水）。立足延庆区优质的生态文化基底，利用好冬奥会冰雪运动设施，研究推进冰雪运动与生态旅游的深度融合，积极培育冰雪运动、冰雪度假、生态康养、养生养老等要素形态，打造冰雪与生态文化旅游融合示范区。

崇礼国际冰雪度假旅游片区（崇礼区）。依托冰雪运动设施，对接国际冰雪旅游标准，集聚高端冰雪运动场、高品质冰雪度假酒店群、国际娱乐设施群、国际性人文交往活动，使其成为北方地区冰雪度假旅游引领区。

古都古城文化旅游片区。深度挖掘北京、天津、保定、唐山、石家庄等地古城古都文化，以冰雪运动为主导，配合古都古城历史文化旅游产品，增强区域性旅游综合服务功能，使其成为动静结合、现代与历史相呼应的文化旅游片区。

国际交往中心及现代都市文化片区。充分发挥北京国际城市的优势，加强对外开放，整合张家口城区、天津城区，积极推动国际性人文交往活动、都市商业服务设施、国际化消费空间、现代都市文化创意空间等功能要素的集聚，打造国际交往中心和现代都市文化体验的核心区。

草原森林生态文化旅游片区。整合北部乌兰察布、张家口、承德的草原生态资源，构建集草原观光、生态康养、山地运动、文化体验于一体的草原森林生态文化区。

二、区域发展战略要点

（一）空间圈层发展方向

1. 核心层

发展方向：东方重要的冬季文化旅游中心与国际人文交往高地的核心层，高端冰雪旅游度假基地，全球冰雪旅游高地。

产业要素形态：按照国际冰雪产业的品质要求，引导发展冰雪运动场馆、高品质冰雪度假酒店群、冰雪主题小镇、冰雪旅游度假村、特色民宿客栈、温泉度假村、主题娱乐公园、休闲商业街区、滑雪运动学院、国际会议会展中心、国际冰雪赛事、大型会议论坛、主题节庆活动等业态。

发展举措：一是建立冬奥场馆联盟，研究场馆的后续有效利用的政策举措。二是品质化发展。建设国际水准的冰雪运动场馆设施，配套国际品质的星级度假酒店群，打造拥有国际会议设施、设备的会议会展中心。三是国际化发展。积极组织承办世界冰雪运动赛事活动，举办国际人文交往活动，策划 2~3 个具有世界影响力的节庆活动。四是特色化发展。融入北京、延庆、张家口的地域文化元素，形成与阿尔卑斯地区相呼应的东方特色冬季旅游中心和国际人文交往高地。五是融合发展。联动周边历史文化、生态山水、城市观光等旅游产品，深入推进"冰雪+"旅游，打造主题精品线路，丰富旅游产品供给，延长游客出游时间，刺激和拉动消费。

2. 中间层

发展方向：东方重要的冬季文化旅游中心与国际人文交往高地的重要城市依托和总服务基地。

产业要素形态：北京重点布局冰雪文化旅游集散服务中心、旅游度假酒店群、国际组织机构、会议会展中心、国际论坛、国际性外事交往活动、冰雪运动学院等。张家口和天津重点布局冰雪运动场馆、特色旅游小镇、旅游度假酒店、大型冰雪与文化旅游节庆活动、冰雪文化旅游集散服务中心、冰雪运动学院、冰雪装备制造产业园、"冰雪+文化"产业集群等。

发展举措：一是借势发展。借助冬奥会的影响力，要加快推进对外开放，大力发展国际会议会展业，积极组织开展国际大型人文交往活动。二是做细集散服务。依托北京首都国际机场、北京北站、张家口太子城高铁站打造冰雪文化旅游集散服务中心，增设外国游客集散中心、多语种咨询服务中心，提供冰雪文化旅游交通组织、线路策划等一站式、便捷化的旅游服务。三是做精旅游服务。积极组织配套度假酒店、特色旅游餐饮、文化创意、主题娱乐等综合服务要素，承接核心层的游客外溢。四是做强冰文化雪旅游产业。重点依托张家口，鼓励和支持建设冰雪产业园，打造集研发、生产、展示、销售于一体的冰雪装备制造业的集聚区，延伸冰雪产业链条。

3. 联动层

发展方向：立足城市和旅游发展基础，围绕冰雪文化旅游市场需求，构建集冰雪运动、文化旅游、冰雪运动培训、冰雪制造于一体的冰雪文化旅游和冰雪产业基地。

产业要素形态：发展冰雪运动场馆、度假酒店、特色旅游小镇、冰雪运动培训学校、冰雪产业园、物流园等。

发展举措：一是积极融入环北京地区冰雪运动与文化旅游圈，共同推出精品旅游线路，联合营销、共享客源。二是围绕冰雪文化旅游需求，建设室内、室外滑雪场以及滑冰场等冰雪运动设施，打造一批适合各类市场消费需求的滑雪场，满足日益增长的滑雪运动需求。三是围绕滑雪场，布局酒店群、冰雪文化旅游度假村、冰雪主题小镇、温泉度假村等配套设施。四是发展冰雪文化旅游装备制造业，打造集雪场设备设施、滑雪运动装备的研发、生产、展销于一体的冰雪产业园。

4. 辐射层

发展方向：辐射层是环北京冰雪文化旅游发展的拓展区，发挥核心圈层的引领作用，带动全国冰雪运动、冰雪文化旅游等相关产业加快发展，形成规模效应，加快"带动三亿人参与冰雪运动"战略目标的实现。

产业要素形态：建设发展冰雪运动场馆、度假酒店、特色旅游小镇、冰雪产业园、冰雪产业装备制造园等。

发展举措：一是要结合地方特性，围绕冰雪运动市场需求，建设一批中小型滑雪场地设施；二是要将冰雪旅游与地方生态旅游、文化旅游、工业旅游相结合，打造全季节性的综合旅游线路，为游客提供多元化的旅游服务；三是发挥各地的工业发展基础，逐步导入和布局一批冰雪装备制造产业园区，将冰雪产业打造成为地方经济发展的重要产业之一。

5. 圈层间互联互动

第一，核心圈层要发挥引领示范作用。通过核心圈层的冰雪文化旅游发展，为冰雪场馆建设、冰雪文化旅游服务、冰雪培训教育、冰雪文化旅游运营模式等树立标杆示范，形成可以向各地传播的经验，带动环北京地区冰雪文化旅游高品质、高规格发展，实现全区域冰雪文化旅游的转型升级。

第二，构建便捷的交通服务体系，强化圈层间的互联互通。一是依托京藏高速、京哈高速、京张铁路等交通主干线网络体系，强化冰雪文化旅游服务功能，打通各圈层之间的联系，实现互联互动。二是依托北京首都机场、北京、张家口市内高铁站的游客集散服务中心，建立交通集散服务体系，开通由集散服务中心到各圈层、各地市的交通客运专线、冰雪文化旅游专列。三是开通旅游交通专线。开通太子城高铁站到崇礼区滑雪场、延庆滑雪场之间的旅游交通专线，分段开设城市主要滑雪场之间的旅游交通专线。四是积极推动城际铁路的建设，增强各圈层之间的交通联系，实现快速转换。

第三，以强带弱，以旺促淡，共荣共享。冰雪旅游季节性较强，因此要加强各圈层之间冰雪旅游与文化、生态、观光、康养等旅游产品的融合发展。发挥各圈层的旅游特色，设计互补性、多元化、四季性、全时化旅游精品线路，以旺促淡，以强带弱，推动各圈层冰雪运动与文化旅游的繁荣发展。

第四，加强人才互动，实现资源共享。强化京津冀、内蒙古、山西等各圈层内的人才互通、互认、互流，为冰雪运动和文化旅游发展提供智力保障。推进区域旅游人才信息网络建设，联合各圈层省区市建立冰雪运动培训、冰雪旅游服务、冰雪产业研发等人才库，并积极推进各圈层之间的人才流动，为推动全区域冰雪文化旅游发展提供支撑。

（二）文化旅游带发展方向

1. 奥运与体育文化带

打造奥运和体育文化主题旅游带，重点做好以下三方面工作：一是沿京张铁路、京藏高速建设奥运和文化主题特色专列和旅游风景廊道。二是北京五棵松体育馆、北京奥体中心、延庆小海坨、张家口崇礼区太子城沿线，要在冬奥冰雪运动场馆和旅游服务接待设施的基础上，围绕冰雪文化旅游发展需求，因地制宜地布局冰雪运动场馆、冰雪度假区、旅游小镇、温泉度假村、文化旅游项目、度假酒店、冰雪培训机构、会议会展设施等产业要素形态，打造冰雪文化旅游产业轴。三是整合沿线资源，加强各景区与冰雪运动场馆之间的旅游线路组织串接，成为融冰雪与文化旅游于一体的旅游带。

2. 长城历史文化带（大同—秦皇岛）

打造长城历史文化带（大同—秦皇岛），重点做好以下四方面工作：一是与冰雪文化旅游相结合，对接长城国家文化公园建设，积极开展"冰雪+"旅游活动，与沿线的云冈石窟、古长城、八达岭长城、山海关等景区串联，打造精品主题线路，向世界传播长城文化。二是北京、河北、山西三省市注意联合宣传推介，加强对主题线路、沿线景区的营销推广。三是完善大同—秦皇岛高速公路沿线标识系统、自驾车服务系统、高速旅游咨询服务系统。四是针对旅游发展需求，分时段开通长城历史文化主题专列，联合北京、河北、山西三地文化旅游部门、旅行社共同推广。

3. 太行—燕山生态文化带

打造太行—燕山生态文化带，重点做好以下五方面工作：一是以崇礼、延庆冰雪文化旅游为龙头，撬动冬季文化旅游，同时整合沿线太行山大峡谷国家森林公园、云梦山、白石山、野三坡、雾灵山、香山等景区，打造精品线路。二是利用冰雪文化旅游打响太行山、燕山生态文化旅游，优化提升沿线景区品质，打造成为四季旅游目的地。三是依托优质的森林生态环境基底，引导和鼓励发展生态康养、山地运动、避暑度假、精品观光等产品，丰富旅游供给，做精、做透生态旅游。四是随着游客对旅游品质要求的不断提升，要针对中高端旅游市场需求，不断提升住宿、餐饮等设施品质，合理布局高品质度假酒店、精品民宿客栈、度假公寓、主题餐厅等。五是利用河北太行山全域旅游发展联盟等平台，联合推介太行山—燕山生态文化旅游产品，扩大市场影响力。

4. 京（廊）津（唐）秦现代经济与文化带

打造京（廊）津（唐）秦现代经济与文化带，重点做好以下三方面工作：一是依托现代经济发展基础，围绕冰雪文化旅游产业，大力发展冰雪产业园区，构建集冰雪运动、冰雪运动培训以及冰雪设备研发、生产、销售、物流于一体的冰雪旅游文化产业链。二是扩大对外开放，加强与欧美冰雪产业发达国家的交流与交往，引进美国、加拿大、法国、意大利先进冰雪设备生产技术，同时提升国内冰雪设备生产水平扩大对外出口。三是积极推进现代文化旅游发展，选择有条件的工业园区、冰雪产业园区，植入配套旅游服务功能，开展工业旅游。

5. 现代农业休闲旅游带

围绕《京津冀现代农业协同发展规划》，依托北京市、天津市和河北省环京津的 27 个县的都市现代农业区和河北省 146 个县高产高效生态农业区，打造休闲农业旅游带。重点做好以下三方面工作：一是遴选农业基础好、交通方便、距离景区较近的农业区，开发建设休闲农业旅游区，与冰雪文化旅游形成互补。二是依据农业区的农作物种类，植入观光园、采摘园、农耕文化体验园、主题餐厅、农作物展销中心、主题农业庄园等休闲业态。三是鼓励和扶持休闲农业旅游区周边有条件的乡村，开发乡村旅游。加强对乡村设施的配套建设，强化对村民的引导和指导，带动乡村通过旅游致富。

（三）文化旅游片区发展方向

1. 世界体育文化产业集聚区（奥体中心）

以北京奥体中心为核心，整合周边奥林匹克公园、会展中心、高星级酒店等设施，发挥北京对外开放的优势，打造面向世界的体育文化产业集聚区。一是利用好夏季、冬季两次奥运会的品牌影响力，做好奥运场馆设施的赛后利用，开展国际体育赛事、大型人文交往活动、国际冬夏两季体育装备制造展销会、世界体育博览会、室内外滑雪运动，打造世界体育产业高地。二是利用品牌效应，吸引国际组织机构、国内外大型企业总部入驻，建立体育旅游产权交易市场。三是将奥体中心与周边的圆明园、颐和园、故宫、后海等联动，打造多元化的旅游产品组合，提升游客体验感。四是围绕体育产业发展主题，开发打造奥林匹克主题博物馆、体育主题雕塑公园、体育主题度假设施，提升吸引力。

2. 延庆冰雪与生态文化旅游片区（海坨山—妫水）

以海坨山—妫水为核心，整合世界园艺博览会（以下简称世园会）、八达岭长城、百里画廊、龙庆峡等景区，围绕延庆区全域旅游发展战略，做好冰雪文化旅游与生态旅游的深度融合，打造冰雪与生态文化旅游融合示范区。一是加强对冬奥会场馆、世园会场馆的空间再利用，全力推进延庆区冰雪运动、大型活动、国际冰雪赛事的发展。二是强化海坨山、妫水冰雪文化旅游与世园会、八达岭长城、百里画廊、龙庆峡等景区的联动发展，开展冰雪文化旅游、避暑旅游、生态康养旅游线路。三是依托冰雪文化旅游品牌和优质的生态环境，加快推进生态康养度假区、森林生态木屋、冰雪主题小镇、避暑度假村、休闲娱乐街区等业态的开发建设，扩大旅游消费，推进延庆区旅游的转型升级。四是鼓励海坨山、妫水周边有条件的小镇、乡村，结合美丽乡村和新型城镇化建设，开展旅游活动，扶持打造冰雪度假小镇、生态旅游村。

3. 崇礼国际冰雪度假旅游片区（崇礼区）

以太子城为核心，依托丰厚的场馆遗产，借鉴国际成功经验，围绕太子城、西湾子、红旗营打造国际冰雪文化旅游金三角，使其成为享誉国际的高端滑雪旅游胜地。一是做好国际旅游市场与国内旅游市场相结合，加强针对国内、国际旅游市场的专项营销，提供符合国内和国际游客需求的冰雪文化旅游服务。重点打造高级、中级、初级相结合的滑雪场设施；配套一批多元化冰雪文化旅游度假设施，满足各阶层游客需求；强化国际元素融入，提供多语言服务，植入国际消费业态。二是加强竞技体育运动与旅游产业相结合，在开展滑雪旅游的同时，强化与文化、生态旅游的融合发展，与张家口、北京周边的旅游景区穿点成线，打造精品旅游线路。三是加强冬季滑雪旅游与夏季旅游相结合，构建冬季滑雪、春季赏花、夏季避暑、秋季养生的四季旅游产品体系。四是强化滑雪旅游与滑雪教育培训相结合，结合冰雪运动场地，规划滑雪运动学院，引进和培育一批经过认证的滑雪运动教练员，开展冰雪运动培训。着力注重滑雪运动课程体系开发和滑雪运动指导员认证体系开放。五是强化滑雪运动与国际人文交往活动相结合。依托高级冰雪运动场馆、高端冰雪文化旅游度假区和高端旅游接待设施，积极承办国际大型冰雪赛事活动，开展国际经济商务论坛活动。

4. 古都古城文化旅游片区

一是依托故宫、颐和园、圆明园、十三陵、天津古街区、五大道、定州古城、石家庄正定荣国府等景区、景点，与滑雪旅游相结合，策划打造文物古迹游、明清古建游、特色休闲游等系列精品线路。二是加强京津冀三地旅游一体化发展，强化三地的旅游监管合作，推进旅游服务标准一体化。三是针对古都古城游，设计发行古都古城旅游地图和古都古城旅游优惠卡，游客持旅游卡可在购买门票时以及在定点餐饮和住宿场所享受优惠活动。

5. 国际交往中心及现代都市文化片区

利用北京首都的设施、场馆、对外开放等优势，联动张家口城区、天津城区，推进国际元素和现代都市元素集聚，构建集会议会展、都市旅游、文化体验、文化创意于一体的功能片区。一是持续扩大对外开放，利用三地高品质的会议会展设施、酒店服务设施、会展服务设施，积极组织承办国际大型经济、商务交往活动。二是围绕都市，植入国际和现代都市元素，依托大栅栏、西单、王府井、后海、南锣鼓巷、"798"艺术区、天津古文化街、五一路滨河风情街区、张家口民俗风情街等休闲街区和都市商业街区，做亮夜间景观，导入新业态，打造国际性的都市消费区，开展都市休闲游。三是北京、天津、张家口要加强政策的突破和创新，利用优惠的人才政策、土地政策、税收政策，优化营商环境，吸引跨国企业集团入驻，形成人才、资金、技术等要素的集聚。

6. 草原森林生态文化旅游片区

乌兰察布、张家口、承德有着我国北方优质的草原草场、森林资源，已经形成了辉腾锡勒草原、张北草原天路、坝上草原、御道口草原森林、塞罕坝国家森林公园等一批经典旅游景区，每年吸引大量游客前往。张家口崇礼区、延庆海坨山冰雪文化旅游区，地处北京到北部草原森林旅游区游览的沿线，可与其联动发展构建形成"冰雪+草原森林"的旅游组团。一是做好张家口崇礼区、延庆海坨山的旅游服务功能，打造北京、天津游客到北部草原森林旅游区的重要通道和服务基地。二是在冰雪文化旅游的基础上，将室内外滑雪场与草原、天路、国家森林公园等景区联动，打造四季旅游产品。三是要加快推进草原森林生态文化旅游区的转型升级，在现有的只是观光、骑马、拍照的基础上，增加民俗特色体验、生态康养、避暑养生、街区活动等业态和元素。

第八章

完善保障体系与政策

一、人力资源系统建设

（一）建设适应发展形势的现代融合型人力资源体系

基于冰雪产业体系，北京（京津冀）人力资源系统应当包括冰雪专业竞技人才，社会化冰雪运动及教育宣传人才，冰雪场馆及赛事组织运营人才，冰雪运动及旅游服务人才，冰雪教育培训人才，冰雪工程装备设计、建设及维护人才，冰雪产业开发与服务运营管理人才，生态、科技、金融服务人才等（见图8-1）。

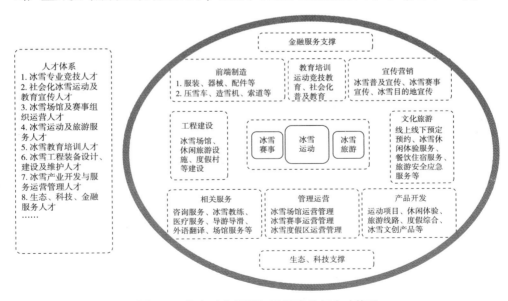

图8-1 北京（京津冀）冰雪产业与人才体系

（二）推进基础人才培养和认证

持续推进冰雪运动进校园，通过开展奥林匹克教育、冰雪文化教育、冰雪竞技及其他冰雪主题系列活动，不断提高青少年冰雪运动的参与度，全面培育冰雪运动后备人才。

建立人才认证标准，以协会为引领，依托北京（京津冀）冰雪运动场馆，实现统一的人才评测定级，确保技术人才的专业化与标准化，构建全领域人才培训系统，确保专业人才教育培训实现标准化、多元化，达到有标准可依、全产业覆盖、定期与按需相结合。

（三）注重人才培养的多元化、国际化和实用型

积极推动体育局与文化和旅游局、教育部等多部门合作，探索建设冰雪产业人才库，制定人才优惠政策，鼓励多元化人才投身冰雪产业。建立完善的信息和就业指导保障服务，实现人才总量的动态管理和存量增长，不断优化冰雪人才结构。

增强与国际冰雪强国的合作交流，实现冰雪产业人才的国际化接轨；深入研究北京（京津冀）人口结构特征，实现冰雪职业人员与冰雪产业人员之间的无缝对接，不断创新和完善人才培养体系。依托北京市高等教育优势，特别是外语类、旅游类、体育类、经管类高校，重点培育多语种、会冰雪、懂产业的复合型人才，培养国际化高端冰雪产业人才。

进一步发挥协会作用，增强北京（京津冀）与全国及国际冰雪产业的合作交流。通过专业、职业、业余三大赛事体系建设，积极引进和培养高水平运动员，选拔优秀教练员、裁判员、高级管理人员和服务保障人员梯队。积极开展前瞻性问题研究，协助参与行业标准和技术认证规范的制定、修订、贯彻实施。统筹协调冰雪场馆和俱乐部资源，构建全龄冰雪人才培育体系。

二、持续改善相关地区城乡基础设施与居民生活

（一）提高城乡基础设施建设水平

加快推进冬奥会交通设施建设，建设一体化城际快轨交通，开通、优化交通枢纽与景区之间的旅游公交专线。加快实施西白庙电力工程，加强对冰雪文

化旅游项目集中地区的电网升级，保障冰雪文化旅游项目用电。市区推进供水管网改造升级；延庆、张家口赛区建立引水及集中供水管道网络系统；冰雪文化旅游项目集中地区就近增加供水点。积极推进垃圾分类收集制度，增加分类垃圾箱，建立冰雪文化旅游垃圾集中处置、集中处理系统，实现垃圾集中处理。推进冰雪文化旅游公共服务信息化建设，鼓励信息技术在冰雪文化旅游公共服务领域的应用，完善信息化基础设施，实现 WiFi 全覆盖。

（二）推动城乡公共服务一体化

以现有旅游集散服务中心之间的合作为切入点，推进旅游集散服务体系一体化建设，构建便捷、舒适、高效的三级冰雪文化旅游集散服务体系。推进旅游人才资质互认，组建京津冀高等学校联盟和职业教育联盟，组建京津冀医疗联合体，建立联合应急救援机制，搭建环北京地区一体化公共服务平台。完善冰雪文化旅游公共服务体系，优化冰雪文化旅游标识服务体系，建立一体化自驾车服务体系，搭建智慧化冰雪文化旅游服务体系。

（三）实施乡村振兴战略，提升乡村发展品质

大力发展乡村旅游，打造一批冰雪文化旅游度假村、冰雪旅游特色小镇，促进农民增收致富。实施美化家园、硬化道路、绿化村庄、亮化道路、净化环境、优化农村生活污水处理系统、推进农村生活垃圾治理等工程，全面优化农村人居环境。建立农民培训机制，强化对村民的思想教育，加强点对点帮扶，提升农民综合素质。

三、金融平台搭建与机制完善

（一）积极争取财政资金支持

积极争取各级政府支持冰雪文化旅游发展的专项资金，整合各部门专项资金，加大对冰雪文化旅游相关重点项目的集中投入力度。积极争取公共体育服务设施中央基建资金支持。积极争取中国政企合作投资基金支持，创新合作模式和路径，增加对冰雪文化旅游领域的投资。

（二）建立北方冰雪文化旅游产权交易中心

研究建立北方冰雪文化旅游产权交易中心（平台），为冰雪文化旅游投融资项目提供从信息披露、策划咨询、招商推介、交易撮合到资金托管结算的一站式服务。

（三）建立北方冰雪文化旅游产业发展基金

加快推进设立由社会资本筹资的北方冰雪文化旅游产业发展基金，发挥政府财政的引领示范作用，引导金融资本与社会资本更好地支持冰雪文化旅游产业发展，拓宽冰雪文化旅游资源市场化开发、冰雪产业项目建设的投融资渠道，推进东方重要的冬季文化旅游中心和国际人文交往高地的建设。

（四）联合金融机构争取金融支持

与国家开发银行、中国银行、中国工商银行等金融机构建立合作关系，将设计冰雪旅游文化项目纳入其信贷计划，对重点冰雪文化旅游发展项目予以优先考虑，共同推进环京津冀地区冰雪文化旅游产业发展，为各类冰雪与文化旅游投资项目提供金融支持。

（五）鼓励以PPP模式开展项目建设

鼓励和引导政府与民营企业合作的大型冰雪文化旅游设施项目建设。合理利用PPP（Public-Private Partnership）模式的冬奥场馆设施，按照谁出资、谁经营、谁管理的理念，提高场馆的使用率。

（六）创新多种投融资机制

探索实行公司信用类债券发行注册管理制，支持发行企业债券、项目收益债券、专项债券或集合债券等各类债权融资工具。支持现有企业升级发展，完善民营冰雪文化旅游企业融资增信支持体系，健全民营旅游企业直接融资支持制度，健全清理和防止拖欠冰雪文化旅游中小民营企业账款长效机制。

四、科技手段与方式运用

（一）科技赋能产品多样化，打造冰雪运动新体验

推动冰雪装备制造业技术创新，开发高科技冰雪运动产品。紧扣"带动三亿人参与冰雪运动"的需求，优化冰雪装备产品结构，建立较为完善的综合标准化体系，创建具有中国特色的冰雪运动装备产业园区，培养具有国际竞争力的冰雪装备企业和知名品牌，打造国内自主研发冰雪装备品牌。探索冰雪与其他产业的整合与开发，注重与新技术的发展紧密结合，探索冰雪自然景观的新玩法，利用科技丰富冰雪产品供给，走特色之路。利用先进科技积极培育与一流资源相匹配的现代冰雪文化旅游产业体系，在滑雪旅游度假、冰雪景区管理、冰雪旅游文化、冰雪演艺等方面形成特色。

（二）全面推行智能信息服务平台，完善智慧冰雪公共服务体系

冰雪运动在线服务平台利用互联网技术转型升级，实施产品服务差异化策略，提升企业竞争力，针对用户的个性化需求，开发设计出独特、新颖的定制冰雪行程服务，提升消费者的消费体验与满意度。利用互联网技术，完善北京市冰雪运动智慧旅游公共服务体系，加大旅游公共信息的采集和运用，加强旅游公共信息的网络查询功能等，使来京消费者在旅游过程中最大程度上享受到便利与服务。建立良好的目的地信息系统，使消费者方便、快捷地了解冰雪运动资讯，平台的构建以满足游客个性化和多样化的信息需求为目的，包含目的地多个方面的信息。打造冰雪运动的商业生态链，涉及服务机构、酒店、景区、交通等各类信息资讯，利用互联网将这些环节连成一个统一的整体，大大提高服务的水平和业务的来源。

（三）强化科技赋能，打造冰雪运动新业态

在冰雪运动产业中，引进 VR、AR、MR 等现代科学技术，打造线下冰雪运动科技体验中心，形成虚拟冰雪旅游新业态。依托人工智能、VR 等现代科学技术，打造冰雪运动科技体验馆。引入 VR、AR 的传感器技术、仿真技术、虚拟镜像等科学技术，营造出花样滑冰、冰壶、冰球、空中技巧、雪地足球、冰上龙舟、冰上自行车等冰雪娱乐项目的虚拟场景，通过沉浸式体验的方式让人们

感受冰雪运动的趣味性。依托现代科学技术，打造线上冰雪"云旅游"。借鉴"云游"故宫的成功案例，在冰雪运动产业中引入 5G、VR、互联网等现代科学技术，依托抖音、快手、微博等自媒体平台，与携程、马蜂窝等旅游电商平台携手打造线上冰雪"云旅游"活动，通过建立北京市冰雪运动官方账号，录制花样滑冰滑雪、冰壶、冰上龙舟、冰雪小镇等趣味短视频，加强冰雪运动的推广，吸引群众的广泛参与。

（四）搭建冰雪运动数字生态系统，实现冰雪企业的数字化运营

通过物联网、云计算、大数据等技术在冰雪运动产业中的运用，实现冰雪运动产业与现代科学技术的融合，构建完善的冰雪运动大数据平台。利用监测模型了解冰雪运动用户群的消费特点，从而根据用户群的消费需求进行精准营销。同时，利用现代科学技术，加强与电商平台的合作，在携程、马蜂窝、驴妈妈、美团等旅游电子销售平台，通过互联网、大数据等技术手段获取和挖掘用户的上网行为、浏览习惯、用户评价等，通过长期积累和深度分析，深入了解用户群的行为和喜好，进行精准营销。通过 5G、人工智能、物联网等现代科技手段的应用，在冰雪运动景区建立一套完备的数字服务系统，打造科学技术全覆盖、立体化的智能冰雪运动景区，实现冰雪运动景区的生态环境监测、客流量监控、景区电子导览、安全保障的运营管理，从而为游客提供及时的服务，提高安全保障。

五、文化保护与生态可持续发展计划

（一）文化保护与传承

1. 加强对重要文物的保护

加强文物保护，加大对文化旅游景区的建设，能够有力地促进文物的保护工作和推动文化旅游融合发展。京津冀地区应完善革命文物保护传承体系，大力推进文物合理利用，建立文物安全长效机制，在保护中发展，在发展中保护。

2. 创新创意，保护地方特色文化

三地利用地理优势，对现有文化要素进行合理配置，打通京津冀地区之间的文化流动和信息交流。首先，形成合作项目，搭建文化旅游信息共享平台，促进京津冀之间的文化资源交流。其次，发挥北京的辐射带动作用，拉动天津和河北文化旅游发展。最后，深入研究京津冀历史和文化，将京津冀地区的文

化资源进行整合，形成地域特色文化，激发地方特色文化的生命力。

3. 利用旅游活动传承与发展优秀文化

京津冀地区文化旅游融合发展可以利用文化旅游化的手段传承和发展京津冀乃至华北地区的特色文化。首先，增设特色文化旅游线路，加强文化传承，塑造精品旅游线路。其次，开发多形式旅游文化创意产品，积极挖掘京津冀地区特色和地方文化，激发文化更强劲的生命力。最后，实施精品景区建设工程，开发文化旅游项目，打造备具竞争力的文化旅游品牌等。

（二）生态保护与可持续发展

1. 合力保护重要生态空间

首先，要严格保护生态红线区域，确保生态功能不降低、面积不减少。其次，实施严格的产业准入标准。在不损害生态系统功能的前提下，因地制宜地发展旅游业、观光休闲业。再次，持续推进生态建设与生态修复重大工程，加强区域生态功能、可持续发展能力的评估与考核。最后，加强环保意识教育，多措并举，切实保护好环北京地区可持续发展生命线。

2. 共同保护重要生态系统

立足京津冀协同发展需要，要全面保护森林、河湖、湿地等生态系统，持续推进防护林体系建设、退化草原修复、京津风沙源治理、退耕还林还草，进一步增加林草植被盖度，增强防风固沙、水土保持、生物多样性等功能；保护和修复永定河、白洋淀等重要河湖、湿地，保障重要河流生态流量及湖泊、湿地面积；提高自然生态系统质量和稳定性，筑牢我国北方生态安全屏障。

3. 推动跨界水体环境治理

首先，要树立区域整体理念，编制实施水生态空间管控规划。明确水资源利用的上线、水环境质量的底线，构建自然水系与调水工程互通互联的协同格局。其次，控制水污染物的排放量并设置排放标准，确保水环境污染问题得到有效改善。最后，完善京津冀地区的生态补偿机制，推进三省市生态补偿深度落实，实现区域合理的生态补偿。

4. 联合开展大气污染综合防治

首先，加强政府职能，提升群众环保意识。其次，对污染排放物的浓度和排放总量进行控制，并按照空气质量改善计划，逐步减少主要大气污染物排放总量。再次，完善监测技术体系。由环保部门负责统一监测、发布大气环境质量情况。最后，整体规划城市布局，大力推进区域联防联控。三地在统一布局的基础上进行分工合作，明确责任与义务。

5. 加强固废危废污染联防联治

京津冀地区固废危废污染联防联治，应建立三地一体再生资源回收体系，形成跨行政区域的、高效率、信息化的资源回收网络；完善法律法规，统一固废危废防治标准，清理不利于三地一体化发展的屏障；科学布点危险废物处理企业和处置场所，简化固废危废审批手续，提高固废危废转移运输效率。

参考文献

［1］郑正真．产业融合视角下文商旅体融合发展策略研究——以成都市为例［J］．四川旅游学院学报，2020（2）：34-39．

［2］原磊．商业模式体系重构［J］．中国工业经济，2007（6）：70-79．

［3］郭金丰．北京冬奥会背景下推动我国冰雪产业发展的对策［J］．经济纵横，2018（8）：114-120．

［4］杨强．体育旅游产业融合发展的动力与路径机制［J］．体育学刊，2016，23（4）：55-62．

［5］王刚军，李晓红．我国社区健身俱乐部与卫生服务中心产业融合模式研究［J］．军事体育学报，2017，36（1）：78-81．

［6］谷天旭．浅谈冬奥会背景下雪地球运动进入小学体育课堂的积极意义［J］．当代体育科技，2019，9（22）：233-234．

［7］刘晓英．产业融合视角下我国旅游新业态发展对策研究［J］．中州学刊，2019（4）：20-25．

［8］王粜，田里，张鹏杨．旅游房地产业态配置模式与效率评价研究——基于上市公司数据［J］．资源开发与市场，2017，33（10）：1271-1275．

［9］阚军常，王飞．冬奥战略目标下我国滑雪产业升级的驱动因子与创新路径［J］．体育科学，2016，36（6）：11-20．

［10］董慰，陈莹，董禹．面向村民自治的精准扶贫规划机制与引导模式［J］．规划师，2018，34（12）：5-11．

［11］张瑞林．我国冰雪体育产业商业模式建构与产业结构优化［J］．体育科学，2016，36（5）：18-23，53．

［12］马毅，吕晶红．我国备战2022年冬奥会重点项目后备人才培养问题探究［J］．体育科学，2016，36（4）：3-10．

［13］张瑞林．基于北京冬奥会视域下我国冰雪运动发展研究［J］．吉林体育学院学报，2016，32（1）：1-4．

［14］范亚楠．试析反季旅游与旅游季节性平衡［J］．现代国企研究，2015（14）：139.

［15］王诚民，郭晗，姜雨．申办冬奥会对我国冰雪运动发展的影响［J］．体育文化导刊，2014（11）：53-56.

［16］张凌云．旅游产业融合的基础和前提［J］．旅游学刊，2011，26（4）：6-7.

［17］李松梅，黄清．刍议我国冰雪旅游产业结构的现状及对策［J］．学术交流，2008（4）：110-112.

［18］庄军，刘嗣明．论旅游产业集群的系统架构［J］．桂林旅游高等专科学校学报，2005（4）：11-15.

［19］王芒．体育产业集群与东北冰雪体育旅游产业集群的建构研究［J］．沈阳体育学院学报，2011，30（3）：17-21.

［20］吴秋明，陈捷娜．集成视角下的产业集群组织结构模式研究［J］．东南学术，2015（2）：131-140.

［21］鞠明海．黑龙江省冰雪体育旅游产业集群发展对策［J］．冰雪运动，2015，37（1）：90-93.

［22］张佳佳．崇礼滑雪旅游产业集群发展研究［D］．河北经贸大学，2020.

［23］王月华，任保国，吴玲敏，苏刚．我国冰雪旅游产业发展效应及提升路径研究——基于冰雪运动"南展西扩东进"战略的分析［J］．吉林体育学院学报，2020，36（1）：53-60.

［24］吴玲敏，任保国，和立新，冯海涛，林志刚．北京冬奥会推动京津冀冰雪旅游发展效应及协同推进策略研究［J］．北京体育大学学报，2019，42（1）：50-59.

［25］何文义，郭彬，张锐．新时代我国冰雪产业本质及发展路径研究［J］．北京体育大学学报，2020，43（1）：29-38.

［26］李在军．冰雪产业与旅游产业融合发展的动力机制与实现路径探析［J］．中国体育科技，2019，55（7）：56-62，80.

［27］吴丽云．冬奥会背景下北京市冰雪旅游发展研究［J］．泰山学院学报，2019，41（4）：133-135.

［28］张瑞林，徐培明，李凌，翁银，王伟．"美好生活向往"价值取向量度下冰雪休闲服务业的转型研究［J］．沈阳体育学院学报，2020，39（4）：87-94.

［29］杨娇.旅游产业与文化创意产业融合发展的研究［D］.浙江工商大学，2008.

［30］张文建.市场变化格局下的旅游业态转型与创新［J］.社会科学，2011（10）：30-38.

［31］刘花香，贾志强.中国冰雪体育小镇建设的机遇、挑战、构想［A］//中国体育科学学会.第十一届全国体育科学大会论文摘要汇编［C］.中国体育科学学会，2019：3.

［32］刘雪杰，李延超.产业融合视角下我国冰雪旅游产业的发展策略［J］.湖北体育科技，2019，38（8）：684-687.

［33］林素絮，黄元骋.冰雪运动产业技术创新与商业模式创新融合研究［J］.广州体育学院学报，2020，40（2）：20-23.

［34］王飞，朱志强.推进滑雪产业发展的大型滑雪旅游度假区建设研究［J］.体育科学，2017，37（4）：11-19，28.

［35］孙嫄，郭芳，刘少冲.滑雪旅游对山地环境的影响及对策［J］.学术交流，2011（4）：110-113.

［36］顾兴全.基于资源观点（RBV）的体育旅游开发研究——以浙江安吉江南天池滑雪旅游开发为例［J］.北京体育大学学报，2011，34（3）：42-44.

［37］赵子祺，崔佳琦，邢金明.全域旅游视域下冰雪运动休闲特色小镇开发研究［J］.体育文化导刊，2020（5）：92-97.

［38］任婷婷.服务营销视角下山西冰雪体育旅游现状及提升路径［J］.体育文化导刊，2020（4）：85-90.

［39］何胜保.北京冬奥会张家口赛区冰雪旅游开发的昂普（RMP）模型分析［J］.山东体育学院学报，2020，36（5）：37-46.

［40］陈宇.京津冀冰雪旅游生态化发展的框架构建与路径选择［J］.北京体育大学学报，2018，41（10）：32-38.

［41］曹士云.黑龙江省冰雪文化产业集群的培育与发展［J］.黑龙江社会科学，2009（1）：113-115.

［42］邹克瑾.基于冰雪文化的吉林省旅游衍生品设计开发［J］.税务与经济，2020（5）：109-112.

［43］陆军，孙忠伟.新疆冰雪旅游开发现状及发展对策［J］.体育学刊，2010，17（7）：122-124.

［44］郭妍菲，李晓东.新疆冰雪旅游发展的SWOT分析及开发策略研究

［J］. 干旱区资源与环境，2009，23（6）：187-191.

［45］李松梅，朱志强，郭俊清，等. 区域滑雪体育旅游可持续发展评价体系研究［J］. 沈阳体育学院学报，2010，29（3）：15-19.

［46］李飞，刘敏. 山岳型滑雪旅游地 MESH 问题探讨［J］. 旅游学刊，2012，27（9）：26-33.

［47］杨润田，徐腾达. 冬奥会背景下崇礼滑雪旅游产业的发展规模——基于经济预测的视角［J］. 沈阳体育学院学报，2019，38（6）：1-7.

［48］索继明，唐衍武. 中国北方冰雪陶艺文化创意产业发展策略与路径［J］. 学术交流，2019（11）：149-157.

［49］司亮，萧林静，陈淼，等. 我国冰雪文化消费空间的构建及其发展路径［J］. 沈阳体育学院学报，2020，39（1）：94-100，109.

［50］吴必虎，党宁. 中国滑雪旅游市场需求研究［J］. 地域研究与开发，2004（6）：78-82.

［51］王民，陈传康. 黑龙江省滑雪旅游资源的开发与利用［J］. 经济地理，1997（1）：45，100-102.

［52］张德成. 黑龙江滑雪旅游的现状及发展态势［J］. 旅游学刊，1998（5）：48-50.

［53］杜庆臻，孙嘉驹，张鹏. 论发展黑龙江省特色滑雪旅游业的主导产品［J］. 黑龙江社会科学，1998（6）：50-51.

［54］杜庆臻. 黑龙江省滑雪旅游开发构想［J］. 学习与探索，1999（4）：22-28.

［55］梅林，杨青山. 哈尔滨市寒地旅游资源开发利用构想［J］. 经济地理，2000（3）：121-124.

［56］吴玲敏，任保国，和立新，等. 北京冬奥会推动京津冀冰雪旅游发展效应及协同推进策略研究［J］. 北京体育大学学报，2019，42（1）：50-59.

［57］金准. 冬奥会带来的旅游业高质量发展契机——以 1972 年札幌冬奥会为例［J］. 旅游学刊，2020，35（4）：3-5.

［58］张瑞林，李凌. 冰雪体育旅游消费者行为与体验模式的影响研究［J］. 天津体育学院学报，2017，32（2）：93-98.

［59］朱晓柯，杨学磊，薛亚硕，等. 冰雪旅游游客满意度感知及提升策略研究——以哈尔滨市冰雪旅游为例［J］. 干旱区资源与环境，2018，32（4）：189-195.

［60］Riegler B, Wittmer A. Differences of Ski Destination Choice Criteria for Day and Overnight Visitors ［J］. New Golden Age of Tourism & Hospitality, 2012.

［61］Needham M D, Little, et al. Voluntary Environmental Programs at an Alpine Ski Area: Visitor Perceptions, Attachment, Value Orientations, and Specialization ［J］. Tourism Manage, 2013, 35: 70-81.

［62］Hudson S, Shephard G W H. Measuring Service Quality at Tourist Destinations: An Application of Importance-Performance Analysis to an Alpine Ski Resort ［J］. Journal of Travel & Tourism Marketing, 1998, 7（3）: 61-77.

［63］Nordin S, Svensson B. Innovative Destination Governance: The Swedish Ski Resort of Re ［J］. International Journal of Entrepreneurship & Innovation, 2007, 8（1）: 53-66.

［64］Pullman M E, Thompson G M. Evaluating Capacity and Demand-management Decisions at a Ski Resort ［J］. Cornell Hotel & Restaurant Administration Quarterly, 2002, 43（6）: 25-36.

［65］Prbstl-Haider U, Brom M, Dorsch C, et al. Establishing the Environmental Management System in Ski Areas ［M］. Environmental Management in Ski Areas, 2019.

［66］Kubota H, Shimano K. Effects of Ski Resort Management on Vegetation ［J］. Landscape and Ecological Engineering, 2010, 6（1）: 61-74.

［67］Williams P, Fidgeon P R. Addressing Participation Constraint: A Case Study of Potential Skiers ［J］. Tourism Management, 2000, 21（4）: 379-393.

［68］Konu H, Laukkanen T, Komppula R. Using Ski Destination Choice Criteria to Segment Finnish Ski Resort Customers ［J］. Tourism Management, 2011, 32（5）: 1096-1105.

［69］Dawson J, Scott D. Managing for Climate Change in the Alpine Ski Sector ［J］. Tourism Management, 2013, 35（Apr.）: 244-254.

［70］Steiger R, Scott D, Abegg B, et al. A Critical Review of Climate Change Risk for Ski Tourism ［J］. Current Issues in Tourism, 2019, 22（11-15）: 1343-1379.

［71］Lasanta T, María Laguna, Vicente-Serrano S M. Do Tourism-based Ski Resorts Contribute to the Homogeneous Development of the Mediterranean Mountains? A Case Study in the Central Spanish Pyrenees ［J］. Tourism Management, 2007, 28（5）: 1326-1339.

［72］Eitzinger C，Wiedemann P. Risk Perceptions in the Alpine Tourist Destination Tyrol—An Exploratory Analysis of Residents' Views ［J］. Tourism Management，2007，28（3）：911-916.

［73］Wiss，Otmar，Norden，et al. Ski Tourism and Environmental Problems. ［J］. International Review for the Sociology of Sport，1998，33（4）：367-379.